Französisch *ganz leicht*

Rätselspaß

Hueber Verlag

Bevor es losgeht

Mit dem **Französisch ganz leicht Rätselspaß** lernen und wiederholen Sie auf vergnügliche Weise Wortschatz und Redewendungen.
Abwechslungsreiche Rätseltypen sorgen dafür, dass keine Langeweile aufkommt.
Die einzelnen Rätselblätter können problemlos herausgetrennt werden, die Lösungen befinden sich jeweils direkt auf der Rückseite.
Außerdem ermöglicht das praktische Format, dass man auch bequem in Bus und U-Bahn rätseln kann.

Der in den Rätseln verwendete Wortschatz deckt die Niveaus A1 und A2 des Europäischen Referenzrahmens ab. Mal ist nach der deutschen Übersetzung eines französischen Wortes gefragt, mal handelt es sich um die französische Entsprechung eines deutschen Wortes. Mit Hilfe von witzigen Illustrationen lernen Sie zudem einige gängige französische Redewendungen.
Wie die Rätsel zu lösen sind, erfahren Sie auf den folgenden Seiten anhand einiger Musterrätsel.

Allgemein gilt für alle Rätsel
Wenn ein Ausdruck im Deutschen beispielsweise aus drei Wörtern besteht, im Französischen aber nur aus einem Wort (oder umgekehrt), dann wird dies mit *3 W.* angegeben. Es gelten die üblichen Abkürzungen für weiblich (f.), männlich (m.) und Mehrzahl (pl.).

Wir wünschen Ihnen viel Spaß beim Rätseln!

Beispiel Schwedenrätsel mit Illustration

Schwedenrätsel funktionieren wie normale Kreuzworträtsel: die gesuchten Wörter stehen in den Kästchen, die kleinen Pfeile geben die Schreibrichtung an. In den Kästchen ist jeweils die Zielsprache für das gesuchte Wort angegeben: Bei „frz." wird das französische Wort gesucht, bei „dt." das deutsche Wort.
Die Illustration unter dem Schwedenrätsel stellt eine Redewendung in der Fremdsprache dar. Wenn Sie das Schwedenrätsel lösen, erhalten Sie mit Hilfe der mit Ziffern versehenen Buchstaben auch das fehlende Wort der Redewendung.

frz.: Mal (la ~)		frz.: nein		dt.: ça suffit (2 W.)	frz.: sein	frz.: du		frz.: wer	dt.: sortir		frz.: mir
	2			dt.: études (das ~)	7						1
dt.: seulement				frz.: ja				frz.: dein	frz.: sich		
frz.: endlich	frz.: schwarz	dt.: un				dt.: campagne (das ~)	dt.: journée (der ~)				frz.: Norden (le ~)
	6		5		frz.: auf	4	dt.: en haut				
dt.: direction (die ~)		frz.: dieser		frz.: gesund					dt.: tu		
					3			dt.: le			
frz.: Verspätung (le ~)							dt.: chien (der ~)				A2_fr2-42

se battre contre des	1	2	3	4	5	6	7	à vent

gegen Windmühlen kämpfen

■	N	■	E	■	■	■	Q	■	■	A	■
F	O	I	S	■	S	T	U	D	I	U	M
■	N	U	R	■	O	U	I	■	■	S	E
■	■	■	E	I	N	■	■	T	A	G	■
E	N	F	I	N	■	L	■	O	B	E	N
■	O	■	C	■	S	A	I	N	■	H	O
R	I	C	H	T	U	N	G	■	D	E	R
■	R	E	T	A	R	D	■	H	U	N	D

Beispiel Schneckenrätsel

Die Übersetzungen der angegebenen Vokabeln sind spiralförmig den Pfeilen folgend in das Rätsel einzutragen. Bei jedem Richtungswechsel beginnt ein neues Wort. Achtung! Der Endbuchstabe eines jeden Wortes ist gleichzeitig der Anfangsbuchstabe des folgenden Wortes.
Die zu übersetzenden Wörter sind jeweils mit der Zielsprache angegeben.

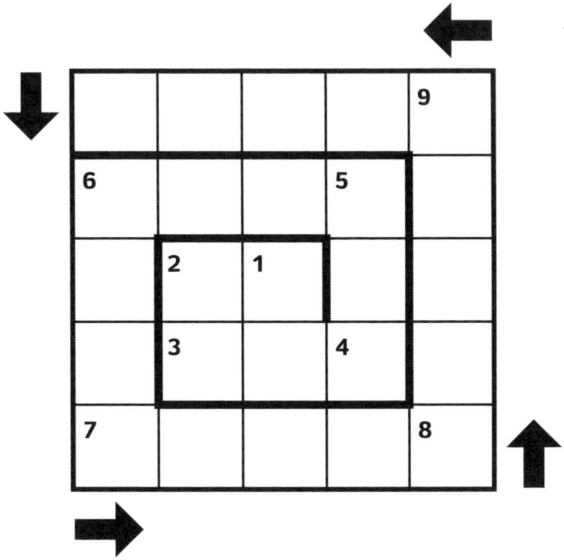

1 frz.: das
2 frz.: Jahr (un ~)
3 dt.: neuf
4 frz.: eine
5 dt.: une
6 frz.: sie
7 frz.: unten (2 W.)
8 dt.: doux
9 frz.: festhalten

R	I	N	E	T
E	N	I	E	F
L	A	C	N	N
L	N	E	U	A
E	N	B	A	S

Beispiel Wabenschwedenrätsel

Der Pfeil gibt wieder an, in welche Richtung das gesuchte Wort um die dunkle Wabe herum eingetragen werden muss. In der Wabe steht das gesuchte Wort in der Ausgangssprache und zudem die Angabe, in welche Sprache („dt.“ = deutsch / „frz.“ = französisch) übersetzt werden soll.

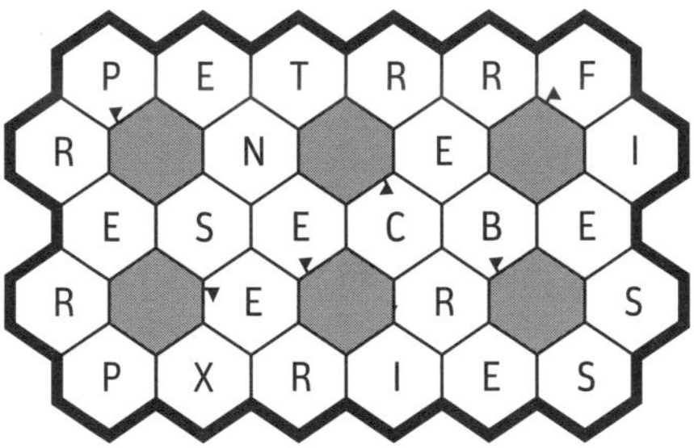

Beispiel Magisches Rätsel

Das magische Rätsel trägt diesen Namen, weil die gesuchten Wörter bei der entsprechenden Nummer tatsächlich längs und quer in das Gitter passen.
Es sind wieder die Zielsprache und die zu übersetzenden Wörter angegeben.

1 dt.: lit (das ~)

2 dt.: votre

3 frz.: Kopf (la ~)

4 frz.: sehr

1	2	3	4
2			
3			
4			

B	E	T	T
E	U	E	R
T	E	T	E
T	R	E	S

Beispiel Schwedenrätsel

Schwedenrätsel funktionieren wie normale Kreuzworträtsel: die gesuchten Wörter stehen in den Kästchen, die kleinen Pfeile geben die Schreibrichtung an. In den Kästchen ist jeweils die Zielsprache für das gesuchte Wort angegeben. Bei „frz." wird das französische Wort gesucht, bei „dt." das deutsche Wort.

frz.: leer		frz.: Bett (le ~)	dt.: elle		dt.: il	frz.: Flugzeug (un ~)		dt.: leur		frz.: ein	frz.: früh
frz.: er			frz.: Nase (le ~)			frz.: Wein (le ~)				frz.: leihen	
frz.: Abendessen (le ~)						frz.: Stadt (la ~)			frz.: ja		
				dt.: fils (der ~)	dt.: banlieue (der ~)						
frz.: Kopf (la ~)	frz.: Luft (l' ~)	dt.: neuf			dt.: à			dt.: avant			frz.: Sommer (l' ~)
frz.: Jahr (un ~)			dt.: huile (das ~)				frz.: schnell				
dt.: vert			dt.: allô						frz.: und		
					frz.: schreiben						A2_fr2-19

■	V	■	■	S	■	■	A	■	U	■	■
■	I	L	■	I	E	■	V	I	N	■	T
■	D	I	N	E	R	■	I	H	■	P	O
T	E	T	E	■	■	V	O	R	O	R	T
■	■	■	Z	S	■	I	N	■	U	E	■
■	A	N	■	O	E	L	■	V	I	T	E
■	I	E	■	H	A	L	L	O	■	E	T
G	R	U	E	N	■	E	C	R	I	R	E

Beispiel Puzzle-Rätsel

Die Zahlen über und neben dem Gitter geben die Anzahl der Buchstaben der gesuchten Wörter an. Auch über den gesuchten Wörtern ist die Anzahl der Buchstaben angegeben. Aber Vorsicht! Wenn es für eine bestimmte Anzahl von Buchstaben mehrere Wörter gibt, sind auch unterschiedliche Platzierungen möglich. Sie müssen also durch geschicktes Knobeln herausfinden, wo welches Wort hingehört.

4 Buchstaben:
dt.: votre

5 Buchstaben:
frz.: Schnupfen (le ~)

6 Buchstaben:
dt.: fièvre (das ~),
frz.: sauber

7 Buchstaben:
dt.: poivre (der ~)

8 Buchstaben:
frz.: Problem (le ~)

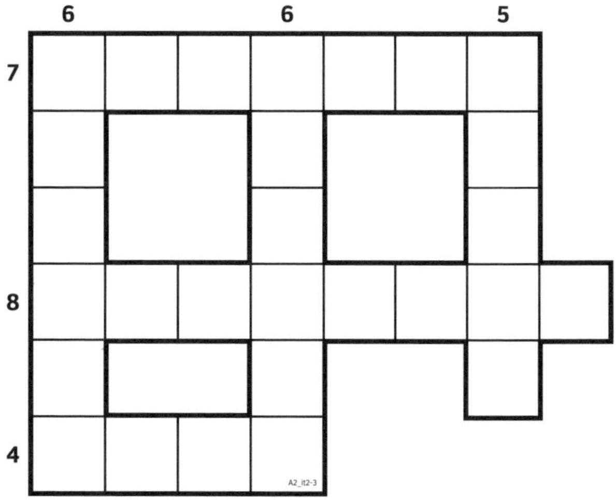

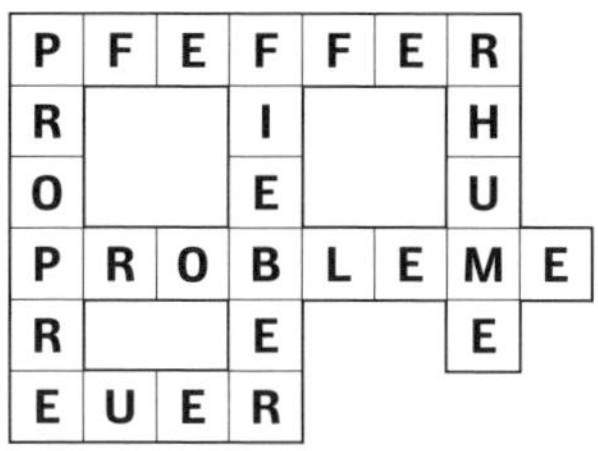

frz.: Hose (le ~)		dt.: vide		frz.: Woche (la ~)			dt.: plaisir (die ~)	2	dt.: haut	frz.: hier	frz.: lassen
frz.: mit-bringen							frz.: Auge (un ~)			5	6
dt.: jamais			8	frz.: mir			frz.: dieser		frz.: das		
dt.: journée (der ~)		frz.: Bahnhof (la ~)		dt.: aussi			1		frz.: wahr		
			frz.: leer					dt.: bien	4	frz.: Alter (un ~)	
frz.: Ausgang (la ~)	7		frz.: du	frz.: geboren		3	frz.: fettig				
						frz.: Wolke (le ~)					
frz.: neun					frz.: ganz						A2_fr2-40

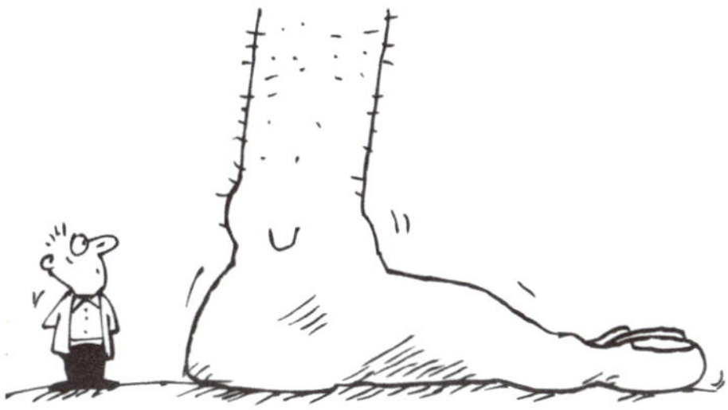

ne pas arriver à la

1	2	3	4	5	6	7	8

de quelqu'un

Lösung

	P		L		S	F		H			
	A	M	E	N	E	R		O	E	I	L
	N	I	E		M	E		C		C	A
	T		R		A	U	C	H		I	I
T	A	G		V	I	D	E		V		S
	L	A			N	E		G	R	A	S
S	O	R	T	I	E		N	U	A	G	E
	N	E	U	F		E	N	T	I	E	R

ne pas arriver à la cheville de quelqu'un
(jemandem nicht das Wasser reichen können)

1 dt.: tabac (der ~)
2 dt.: petit
3 dt.: ne pas
4 frz.: zu
5 frz.: Brot (le ~)
6 frz.: Name (le ~)
7 frz.: mein
8 frz.: geboren
9 dt.: il

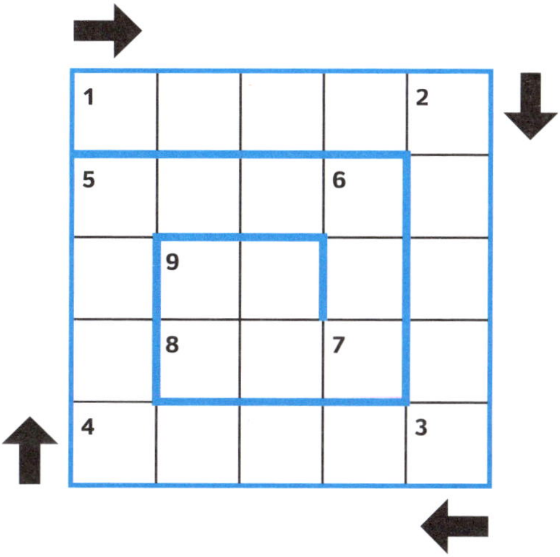

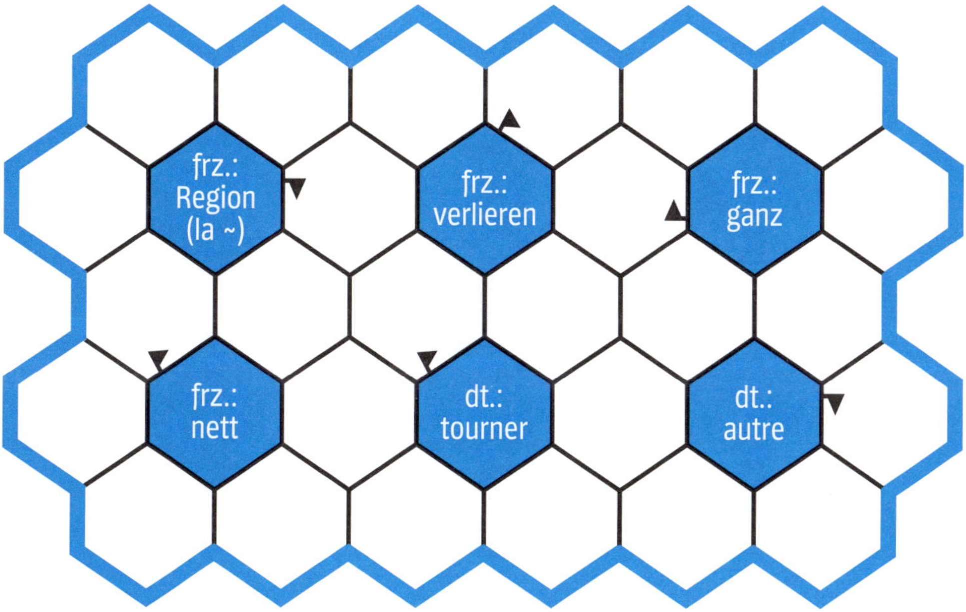

Lösung

T	A	B	A	K
P	A	I	N	L
O	E	R	O	E
R	N	O	M	I
T	H	C	I	N

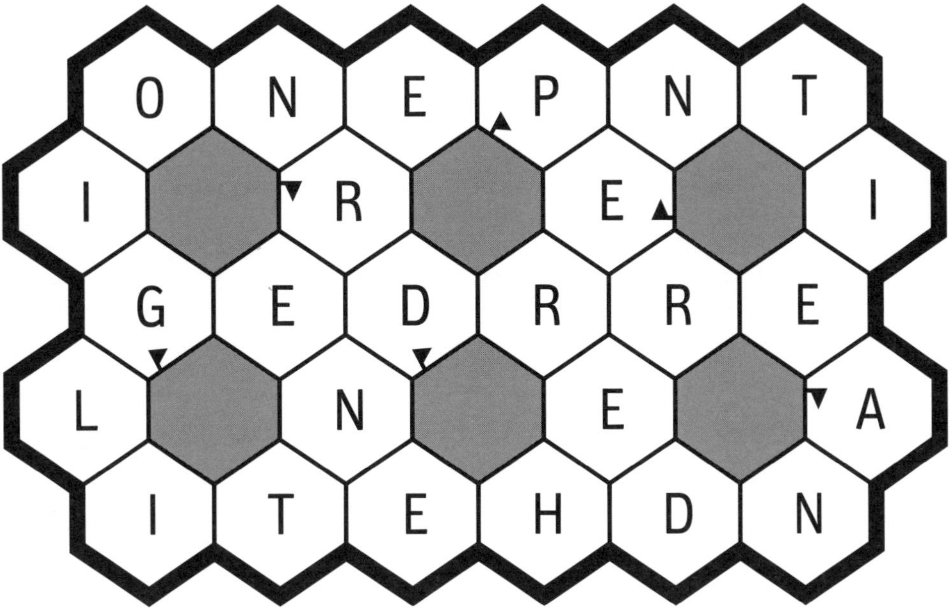

1 dt.: chaise (der ~)

2 dt.: tranquille

3 frz.: Hund (le ~)

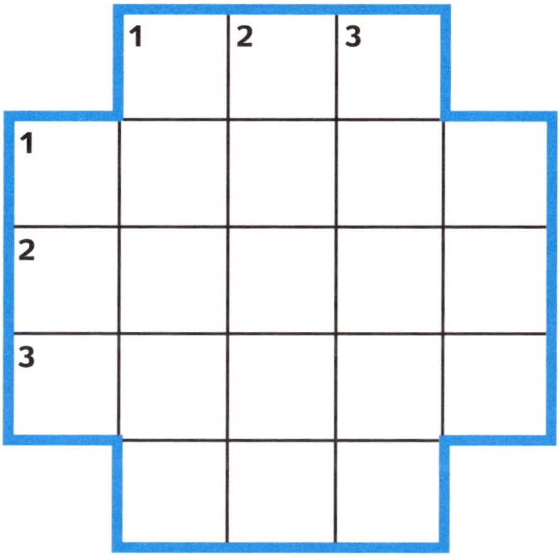

frz.: Freund (un ~)	frz.: mir		dt.: lait (die ~)	frz.: lesen	dt.: jusqu'à			dt.: stylo (der ~)	frz.: Messer (le ~)	frz.: der	frz.: sie
			frz.: Milch (le ~)					frz.: Schlüs-sel (la ~)			
					frz.: wenn			dt.: huile (das ~)			
frz.: der-jenige	dt.: sans		dt.: neuf		frz.: Nase (le ~)	frz.: Feuer (le ~)				dt.: clair	
						dt.: glace (das ~)		frz.: Tee (le ~)			
dt.: valoir		dt.: œuf (das ~)		frz.: geboren			dt.: lac (der ~)				frz.: dir
dt.: quatre-vingt-dix								dt.: vieux			
dt.: une					dt.: école (die ~)						A2_fr2-1

Lösung

	S	R	C	
S	T	U	H	L
R	U	H	I	G
C	H	I	E	N
	L	G	N	

■	■	M	■	■	■	B	S	■	■	■	■
A	M	I	■	L	A	I	T	■	C	L	E
C	E	L	U	I	■	S	I	■	O	E	L
■	■	C	■	R	■	■	F	E	U	■	L
L	O	H	N	E	N	■	T	■	T	H	E
■	H	■	E	■	E	E	■	S	E	E	■
■	N	E	U	N	Z	I	G	■	A	L	T
■	E	I	N	E	■	S	C	H	U	L	E

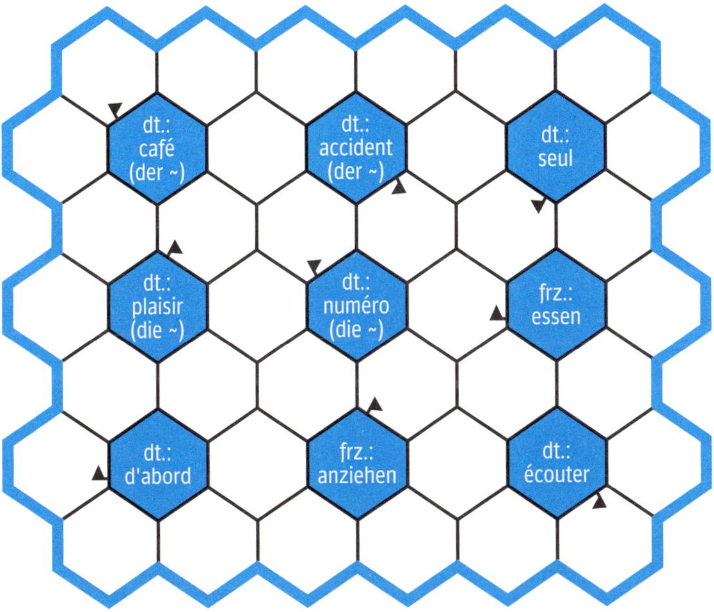

1 dt.: suivre
2 dt.: numéro (die ~)
3 frz.: bleiben
4 frz.: Straße (la ~)
5 frz.: zwischen
6 frz.: sein
7 frz.: gleich
8 frz.: See (le ~)
9 frz.: Schlüssel (la ~)
10 frz.: und
11 frz.: dir

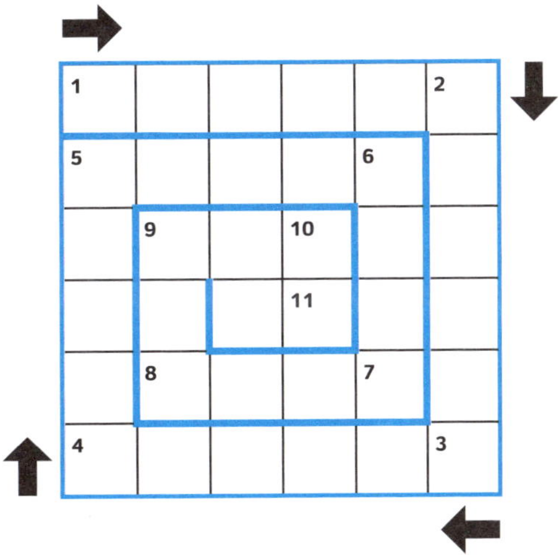

Lösung

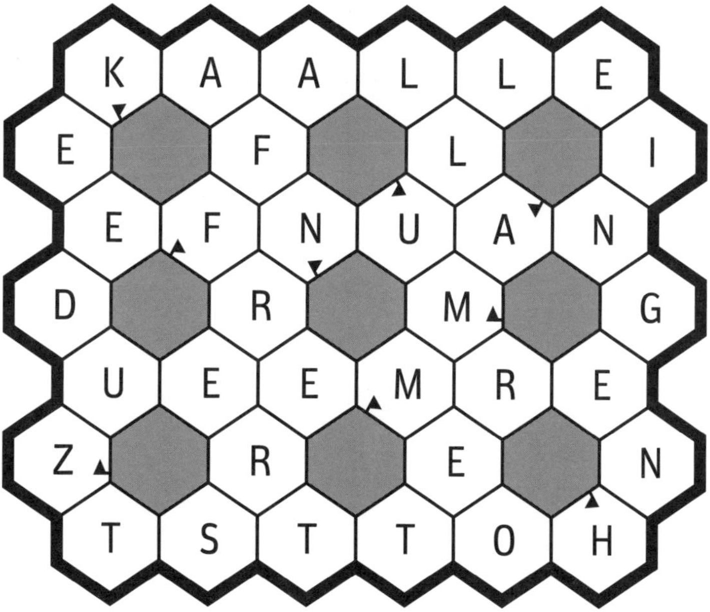

F	O	L	G	E	N
E	N	T	R	E	U
T	C	L	E	T	M
U	A	E	T	R	M
O	L	A	G	E	E
R	E	T	S	E	R

1 dt.: que

2 frz.: Freundin (une ~)

3 dt.: se

4 dt.: très

1	2	3	4
2			
3			
4			

frz.: sich		frz.: nützlich	frz.: Salz (le ~)		dt.: faire		dt.: une		frz.: fest-halten	frz.: Zahn (la ~)	
					frz.: Freund-schaft (une ~)						
frz.: Stunde (une ~)	frz.: Gesund-heit (la ~)		frz.: See (le ~)				dt.: non				
frz.: sechs				frz.: Hund (le ~)						dt.: encore	
dt.: vieux				frz.: durch	frz.: oder		frz.: dich	dt.: à			dt.: thé (der ~)
			frz.: Brücke (le ~)					dt.: rouge			
frz.: eine		frz.: Wasser (l' ~)				frz.: man			frz.: dieser		
dt.: votre					frz.: wenn			frz.: Tee (le ~)			A2_fr2-20

Lösung

D	A	S	S
A	M	I	E
S	I	C	H
S	E	H	R

	S			S		M		E			D
H	E	U	R	E		A	M	I	T	I	E
		T		L	A	C		N	E	I	N
	S	I	X		C	H	I	E	N		T
	A	L	T			E			I	N	
U	N	E		P	O	N	T		R	O	T
	T		E	A	U		O	N		C	E
	E	U	E	R		S	I		T	H	E

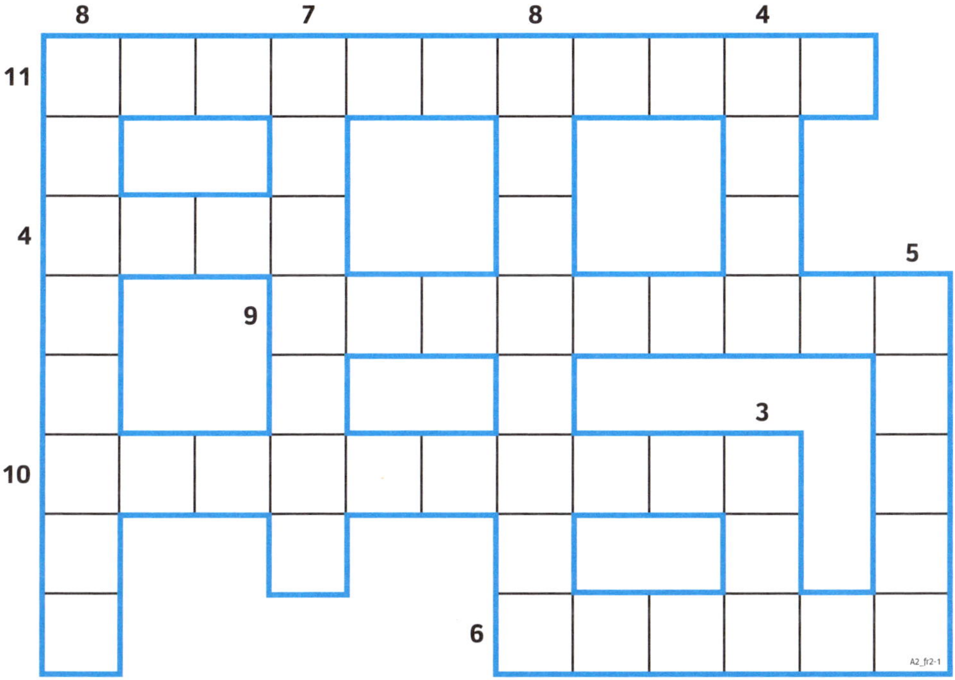

3 Buchstaben:
frz.: Wasser (l' ~)

4 Buchstaben:
frz.: schwarz, dt.: se

5 Buchstaben:
frz.: dort

6 Buchstaben:
frz.: seit

7 Buchstaben:
frz.: kaufen

8 Buchstaben:
dt.: dépenser, frz.: spät dran (2 W.)

9 Buchstaben:
frz.: im Allgemeinen (2 W.)

10 Buchstaben:
dt.: timbre (die ~)

11 Buchstaben:
frz.: Wohnung (un ~)

Lösung

A	P	P	A	R	T	E	M	E	N	T	
U			C			N			O		
S	I	C	H			R			I		
G			E	N	G	E	N	E	R	A	L
E			T			T					A
B	R	I	E	F	M	A	R	K	E		B
E			R			R			A		A
N						D	E	P	U	I	S

dt.: pull (der ~)	1	dt.: toi	3	frz.: der		dt.: thé (der ~)		frz.: Eintritt (une ~)	frz.: Menü (le ~)		dt.: monde (die ~)
frz.: nützlich					2	dt.: nom (der ~)					dt.: faute (der ~)
frz.: Gym-nasium (le ~)						frz.: sehr		dt.: onze		5	
frz.: früh		dt.: animal (das ~)		frz.: blau	frz.: dreißig						
			frz.: Schreib-tisch (le ~)					4		frz.: Sommer (l' ~)	
dt.: beau-coup					dt.: à			frz.: geboren	frz.: oder		
			dt.: glace (das ~)			7	frz.: Note (la ~)				
dt.: lac (der ~)			frz.: ein			dt.: cher			A2_fr2-41	6	

perdre les

1	2	3	4	5	6	7

Lösung

	P		D		T		E			W	
	U	T	I	L	E		N	A	M	E	
	L	Y	C	E	E		T		E	L	F
	L		H			T	R	E	N	T	E
T	O	T		B	U	R	E	A	U		H
	V	I	E	L		E	E			E	L
S	E	E		E	I	S		N	O	T	E
	R	R		U	N		T	E	U	E	R

perdre les pédales
(den Überblick verlieren)

1 frz.: Westen (l' ~)
2 dt.: tabac (der ~)
3 dt.: malade
4 dt.: enfant (das ~)
5 dt.: trois
6 dt.: leur
7 frz.: Straße (la ~)
8 dt.: œuf (das ~)
9 dt.: à

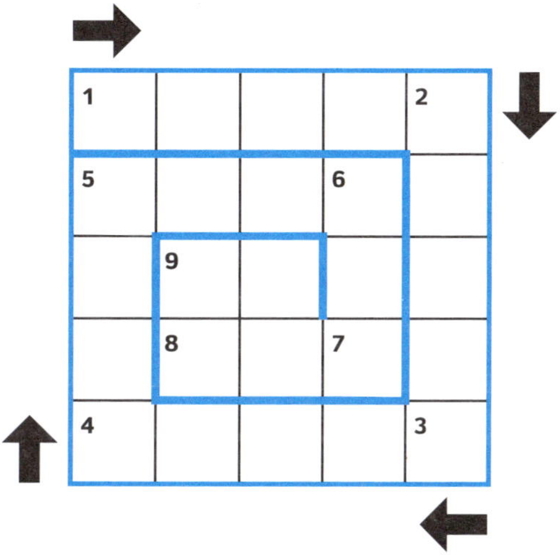

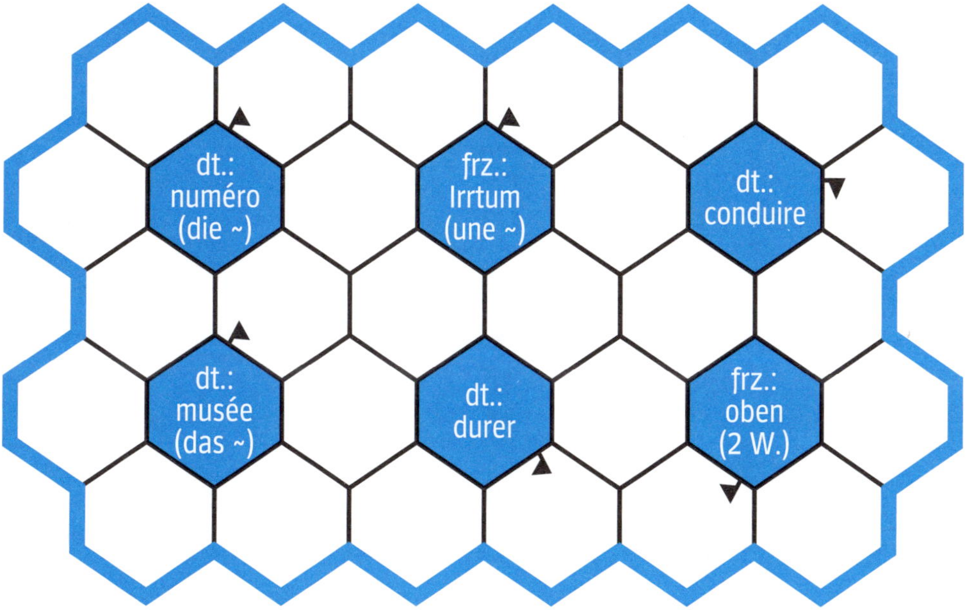

Lösung

O	U	E	S	T	
D	R	E	I	A	
N	I	N	H	B	
I	E	U	R	A	
K	N	A	R	K	

	1	2	3	
1				
2				
3				

1 dt.: aujourd'hui

2 frz.: Viertel (le ~)

3 dt.: électricité (der ~)

frz.: Freude (le ~)	frz.: der	dt.: alors	frz.: er	frz.: trocken		frz.: sagen	dt.: comme		frz.: Osten (l' ~)		frz.: Idee (une ~)
							frz.: Tasche (le ~)		frz.: wenn		
						frz.: sich			frz.: mein		
dt.: assiette (der ~)	dt.: rouge		frz.: das					frz.: acht		frz.: allein	
				dt.: onze	dt.: courage (der ~)	frz.: Sache (la ~)					
dt.: pain (das ~)		frz.: halb					frz.: eine				frz.: geboren
			frz.: Montag						frz.: ein		
frz.: Sommer (l' ~)	dt.: jus (der ~)					frz.: nützlich					A2_fr2-2

Lösung

	H	Q	S	
H	E	U	T	E
Q	U	A	R	T
S	T	R	O	M
	E	T	M	

					D			W		E	
P	L	A	I	S	I	R		I		S	I
T	E	L	L	E	R		S	E		T	D
		S		C	E	L	A		M		E
B	R	O	T				C	H	O	S	E
	O		D	E	M	I		U	N	E	
E	T	E		L	U	N	D	I		U	N
		S	A	F	T		U	T	I	L	E

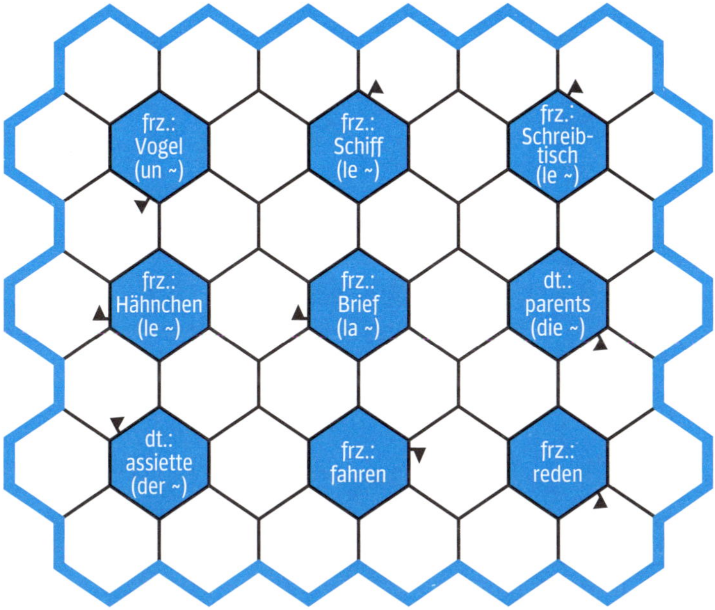

1 dt.: louer
2 dt.: nord (der ~)
3 dt.: numéro (die ~)
4 frz.: Mahlzeit (le ~)
5 frz.: Seife (le ~)
6 frz.: neun
7 dt.: libre
8 dt.: leur
9 frz.: Straße (la ~)
10 dt.: œuf (das ~)
11 dt.: à

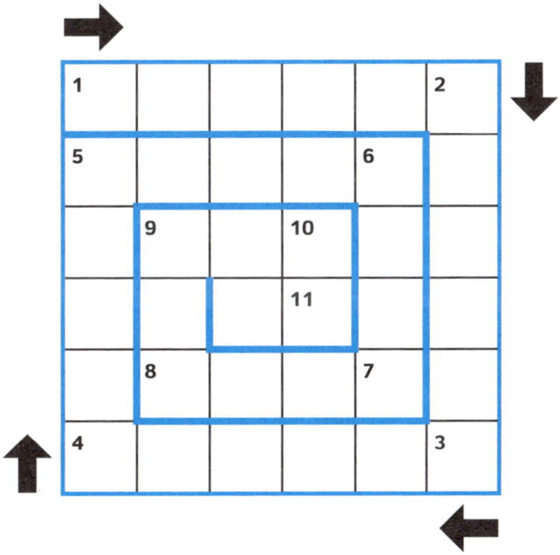

Lösung

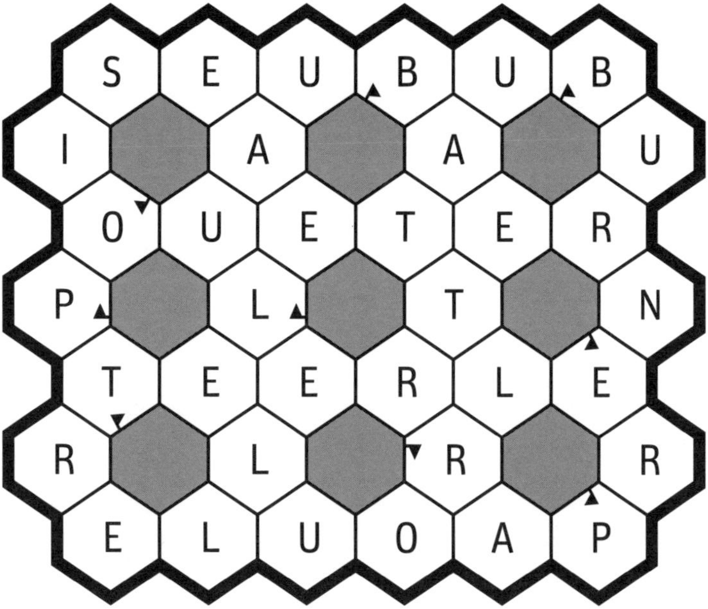

M	I	E	T	E	N
S	A	V	O	N	O
A	R	U	E	E	R
P	H	N	I	U	D
E	I	E	R	F	E
R	E	M	M	U	N

1 dt.: tête (der ~)

2 dt.: ou

3 frz.: Vater (le ~)

4 dt.: libre

1	2	3	4
2			
3			
4			

frz.: Sommer (un ~)			dt.: chez	frz.: wenn		frz.: ich		frz.: neun	frz.: hier		dt.: œil (das ~)
dt.: loin			frz.: mögen						frz.: das		
				dt.: à cause de	frz.: oder			frz.: Osten (l' ~)	frz.: breit		
frz.: trocken	frz.: sie	dt.: doute (der ~)								frz.: ihr	
			frz.: und			frz.: Leben (la ~)	frz.: schmut-zig				
dt.: long					frz.: euer						frz.: dir
dt.: le		dt.: céliba-taire						dt.: bien			
			dt.: jamais				frz.: Vater (le ~)				A2_fr2-21

Lösung

K	O	P	F
O	D	E	R
P	E	R	E
F	R	E	I

■	E	B	■	■	S	■	N	■	■	I	■
■	T	E	■	A	I	M	E	R	■	C	A
W	E	I	T	■	■	O	U	■	■	I	U
■	■	■	Z	W	E	I	F	E	L	■	G
S	E	C	■	E	T	■	■	S	A	L	E
■	L	A	N	G	■	V	O	T	R	E	■
■	L	■	L	E	D	I	G	■	G	U	T
D	E	R	■	N	I	E	■	P	E	R	E

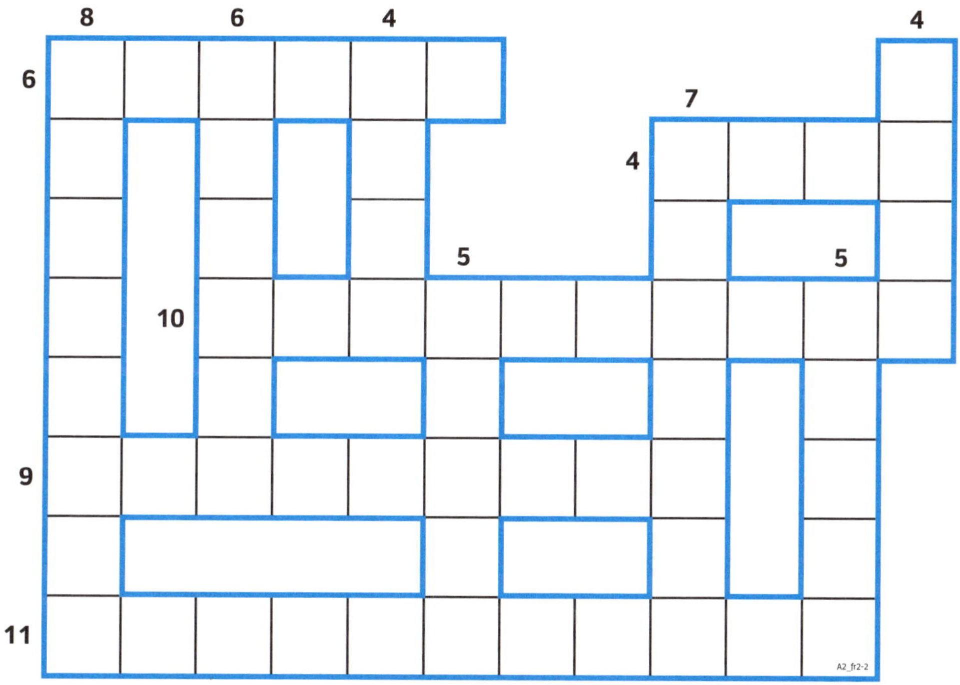

4 Buchstaben:
dt.: jaune, frz.: Weihnachten, dt.: en haut

5 Buchstaben:
frz.: Stock (un ~), frz.: Gewitter (un ~)

6 Buchstaben:
frz.: Geld (l' ~), dt.: jardin (der ~)

7 Buchstaben:
dt.: hier

8 Buchstaben:
dt.: vue (die ~)

9 Buchstaben:
frz.: fünfzig

10 Buchstaben:
frz.: Fernseher (la ~)

11 Buchstaben:
frz.: alle (3 W.)

Lösung

A	R	G	E	N	T						O
U		A		O				G	E	L	B
S		R		E				E			E
S		T	E	L	E	V	I	S	I	O	N
I		E			T			T		R	
C	I	N	Q	U	A	N	T	E		A	
H					G			R		G	
T	O	U	T	L	E	M	O	N	D	E	

dt.: bravo			frz.: stören	frz.: Monat (le ~)	dt.: regarder		dt.: œuf (das ~)	frz.: dort		dt.: pour-quoi	frz.: dir
frz.: braun			frz.: Mai		2		frz.: Milch (le ~)				
						frz.: durch				frz.: gelegen	
frz.: Koffer (la ~)							dt.: autobus (der ~)	1			dt.: votre
frz.: man			dt.: chemin (der ~)			dt.: vieux	frz.: Freundin (une ~)			5	
frz.: Idee (une ~)	dt.: tu			dt.: gorge (der ~)					frz.: du		
				dt.: onze	8			frz.: dass	6	7	
frz.: drin-gend		3					frz.: gestern			A2_fr2-43	4

être né sur une

1	2	3	4	5	6	7	8

Lösung

■	B	D	■	■	■	E	■	■	W	■	■
■	R	E	■	M	A	I	■	L	A	I	T
M	A	R	R	O	N	■	P	A	R	■	E
■	V	A	L	I	S	E	■	B	U	S	■
■	O	N	■	S	E	■	■	A	M	I	E
■	■	G	W	■	H	A	L	S	■	T	U
I	D	E	E	■	E	L	F	■	Q	U	E
■	U	R	G	E	N	T	■	H	I	E	R

être né sur une barrique
(O-Beine haben)

1 frz.: unten (2 W.)
2 frz.: gelegen
3 dt.: manger
4 frz.: Nacht (la ~)
5 frz.: spät
6 dt.: ça
7 frz.: trocken
8 frz.: dieser
9 dt.: œuf (das ~)

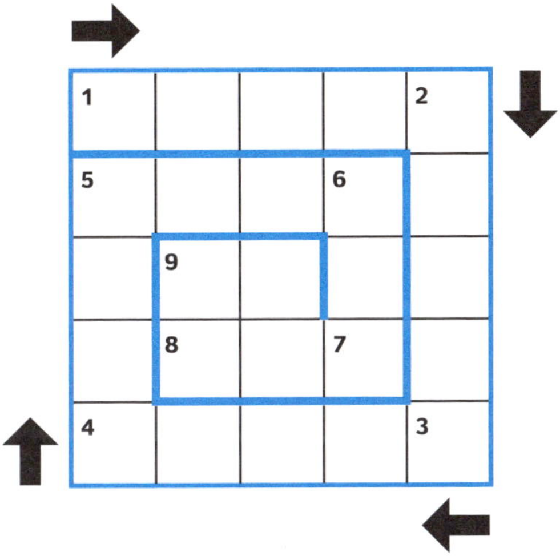

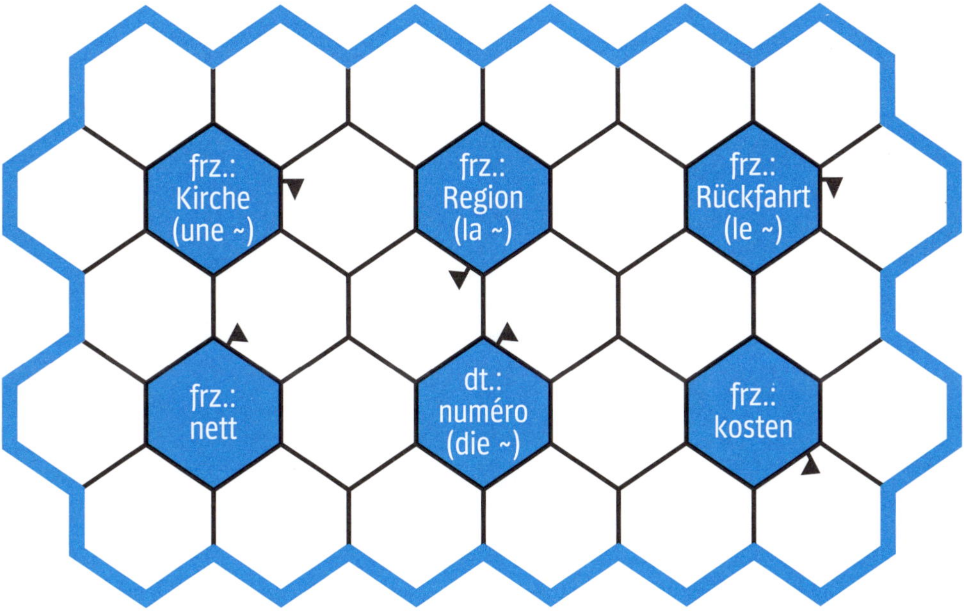

Lösung

E	N	B	A	S
T	A	R	D	I
I	E	I	A	T
U	C	E	S	U
N	E	S	S	E

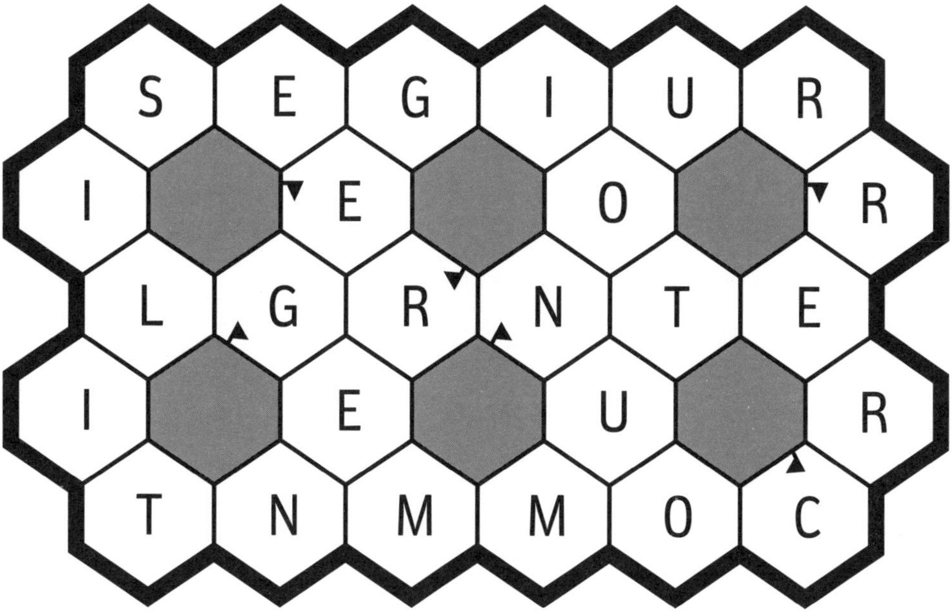

1 frz.: Stunde (une ~)

2 frz.: Zucker (le ~)

3 frz.: Haltestelle (un ~)

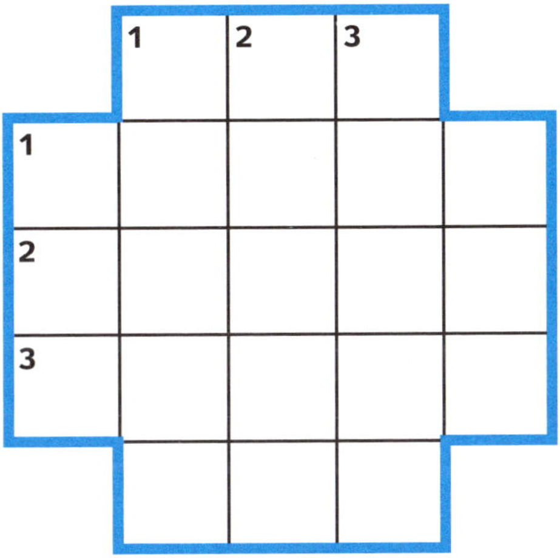

frz.: Ei (un ~)	dt.: ensemble		frz.: schließen	dt.: souvent		dt.: autrement	dt.: glace (das ~)		dt.: exact	frz.: klein	
				frz.: müde							
				frz.: Meter (le ~)			dt.: depuis				
dt.: nez (die ~)	dt.: bras (der ~)				dt.: tu			dt.: libre		dt.: non	
					frz.: Kind (un ~)						
frz.: Frau (la ~)	dt.: mètre (der ~)						frz.: Straße (la ~)				frz.: der
dt.: monsieur (der ~)					dt.: elle				frz.: er		
frz.: Jahr (un ~)			dt.: œuf (das ~)			frz.: Leitung (la ~)					A2_fr2-3

Lösung

	H	S	A	
H	E	U	R	E
S	U	C	R	E
A	R	R	E	T
	E	E	T	

		Z			O			E			P
O	E	U	F		F	A	T	I	G	U	E
N	A	S	E		T	N		S	E	I	T
		A	R	M		D	U		N		I
F	E	M	M	E		E	N	F	A	N	T
		M	E	T	E	R		R	U	E	
	H	E	R	R		S	I	E		I	L
	A	N		E	I		L	I	G	N	E

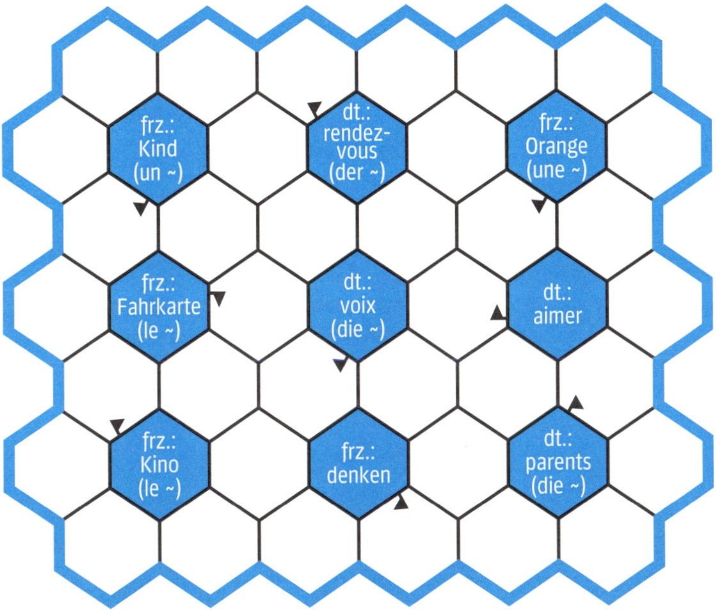

1 frz.: Gramm (le ~)
2 dt.: il y a (2 W.)
3 frz.: Tomate (la ~)
4 frz.: unten (2 W.)
5 dt.: chaise (der ~)
6 dt.: peine (das ~)
7 frz.: Zahn (la ~)
8 frz.: dein
9 frz.: Nase (le ~)
10 dt.: trop
11 frz.: ein

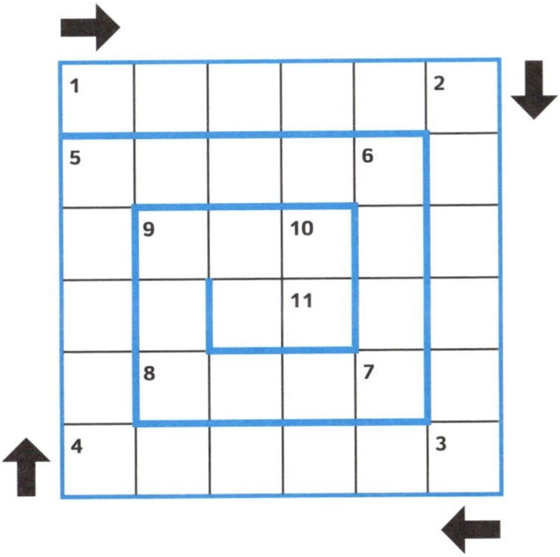

Lösung

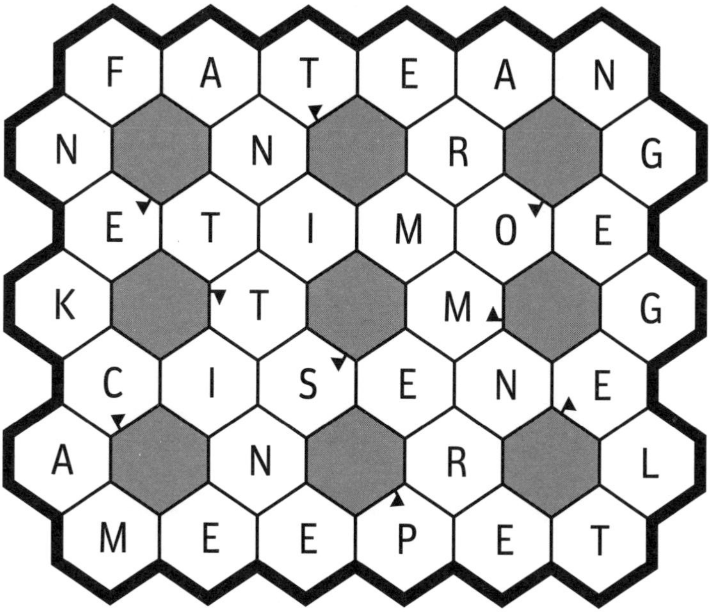

G	R	A	M	M	E
S	T	U	H	L	S
A	N	E	Z	E	G
B	O	N	U	I	I
N	T	N	E	D	B
E	T	A	M	O	T

1 frz.: hallo

2 dt.: peine (das ~)

3 frz.: lesen

4 dt.: ou

1	2	3	4
2			
3			
4			

dt.: tard	frz.: wäh-rend		frz.: Kuchen (le ~)		dt.: au lieu de	frz.: Strand (la ~)	dt.: huile (das ~)		dt.: glace (das ~)		dt.: femme (die ~)
					frz.: Pfeffer (le ~)						
frz.: und			dt.: tout						frz.: Jahr (un ~)		frz.: Bruder (le ~)
dt.: gentil					frz.: Alter (un ~)			dt.: sur			
dt.: comme			dt.: journée (der ~)				frz.: See (le ~)	dt.: te		frz.: Meer (la ~)	
			frz.: sich	dt.: argent (das ~)					frz.: mir		
frz.: Wasser (l' ~)		dt.: elle				frz.: helfen					
frz.: sehr					frz.: schrei-ben						A2_fr2-22

Lösung

A	L	L	O
L	E	I	D
L	I	R	E
O	D	E	R

		G		S				E		F	
S	P	A	E	T		P	O	I	V	R	E
	E	T		A	L	L	E	S		A	
	N	E	T	T		A	L		A	U	F
	D	A		T	A	G			N		R
E	A	U			G	E	L	D		M	E
	N		S	I	E		A	I	D	E	R
	T	R	E	S		E	C	R	I	R	E

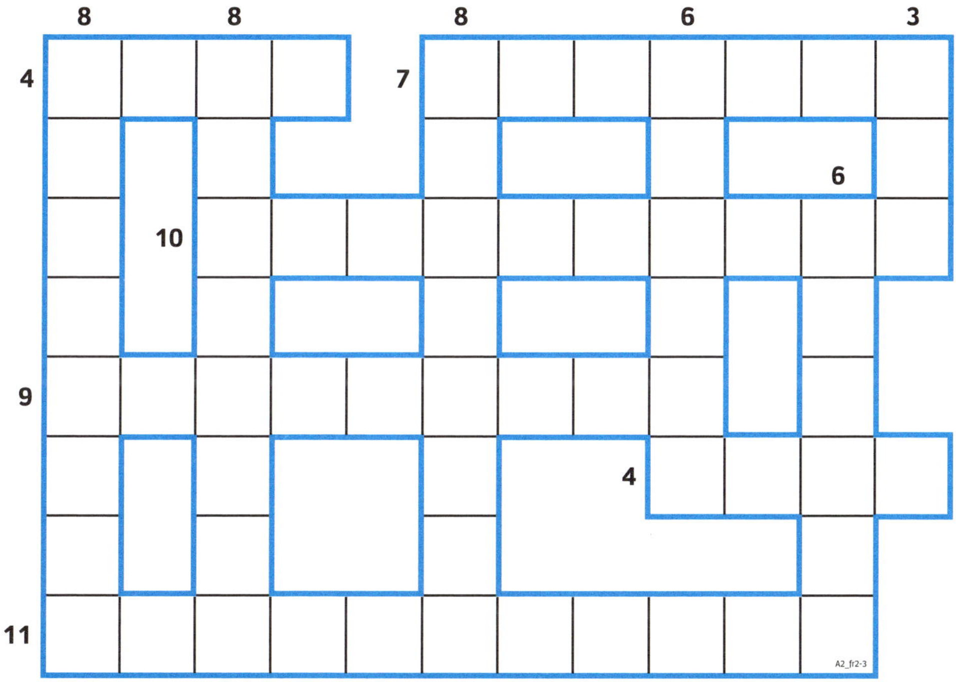

3 Buchstaben:
frz.: dein

4 Buchstaben:
dt.: une,
frz.: sein

6 Buchstaben:
frz.: Eintritt (une ~),
frz.: verkaufen

7 Buchstaben:
frz.: oft

8 Buchstaben:
frz.: gegenüber (3 W.), frz.: November, frz.: sich fühlen (2 W.)

9 Buchstaben:
frz.: anfangen

10 Buchstaben:
dt.: compris

11 Buchstaben:
frz.: Strom (l' ~)

Lösung

E	I	N	E		S	O	U	V	E	N	T
N		O			E			E			O
F		V	E	R	S	T	A	N	D	E	N
A		E			E			D		N	
C	O	M	M	E	N	C	E	R		T	
E		B			T			E	T	R	E
D		R			I					E	
E	L	E	C	T	R	I	C	I	T	E	

Rätselspaß

frz.: Aussicht (la ~)	frz.: ihr		dt.: qu'est-ce que		dt.: brouillard (der ~)	frz.: wenn		frz.: Stock (un ~)	dt.: carnet (das ~)	frz.: Sommer (l' ~)	frz.: geboren
			dt.: mettre	1			5				2
frz.: sein	dt.: notre	4					frz.: Kopf (la ~)				
				frz.: halb		frz.: Kaffee (le ~)					frz.: grün
frz.: Name (le ~)	dt.: souvent	dt.: me	dt.: le		8		frz.: Schlüssel (la ~)			frz.: Tasche (le ~)	
			frz.: da			frz.: dieser			frz.: sich		
frz.: Kinofilm (le ~)			7		frz.: er		6	dt.: cuit	3		
frz.: Zug (le ~)						frz.: genau					A2_fr2-44

Il y a | 1 | 2 | 3 | 4 | 5 | 6 | 7 | 8 | sous roche.

Lösung

■	■	L	■	W	■	■	S	■	■	■	■
V	U	E	■	A	N	Z	I	E	H	E	N
■	■	U	N	S	E	R	■	T	E	T	E
E	T	R	E	■	B	■	C	A	F	E	■
■	■	■	■	D	E	R	■	G	T	■	V
N	O	M	■	E	L	■	C	E	■	S	E
■	F	I	L	M	■	I	L	■	G	A	R
■	T	R	A	I	N	■	E	X	A	C	T

Il y a anguille sous roche.
(Da ist was faul.)

1 frz.: Schnupfen (le ~)
2 frz.: Stock (un ~)
3 frz.: Schule (une ~)
4 frz.: sein
5 frz.: gleich
6 frz.: See (le ~)
7 frz.: Schlüssel (la ~)
8 frz.: und
9 frz.: du

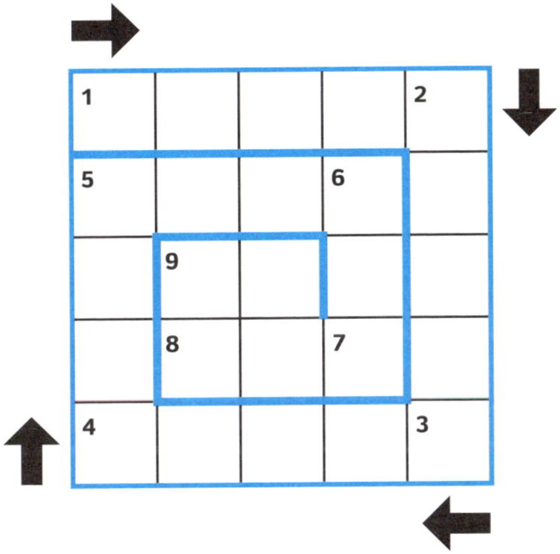

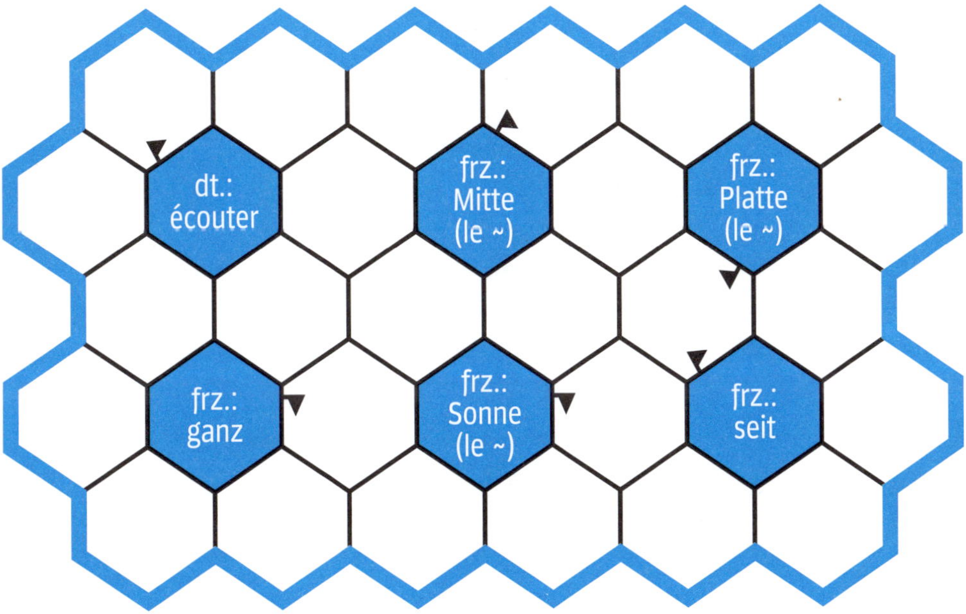

Lösung

R	H	U	M	E
E	G	A	L	T
R	T	U	A	A
T	E	L	C	G
E	L	O	C	E

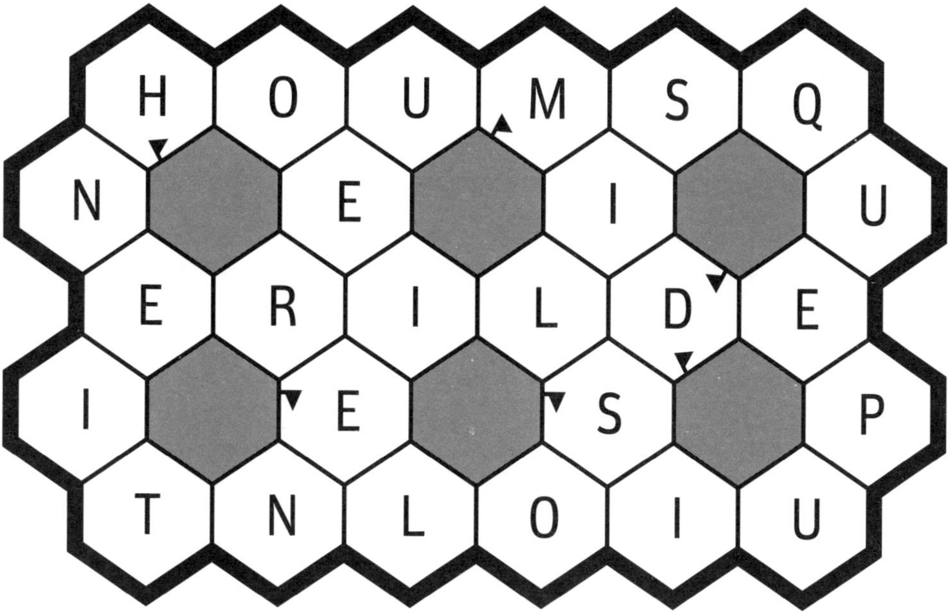

48

Rätselspaß

1 dt.: lumière (das ~)

2 dt.: déjà

3 frz.: Sache (la ~)

	1	2	3	
1				
2				
3				

dt.: ça	frz.: an-kom-men		frz.: Teller (une ~)		frz.: zweiter	dt.: trop		dt.: à	dt.: thé (der ~)		frz.: geboren
			frz.: dann								frz.: Brief (la ~)
frz.: Kühl-schrank (le ~)			frz.: das			dt.: avril	dt.: oui			dt.: cher	
					dt.: une			frz.: Sommer (l' ~)			
			frz.: nicht (2 W.)						frz.: Freund (un ~)		
dt.: comme			dt.: te				frz.: hoch				
				dt.: jamais				frz.: Meer (la ~)			
dt.: lit (das ~)			dt.: huile (das ~)				frz.: sagen				A2_fr2-4

Lösung

	L	S	C	
L	I	C	H	T
S	C	H	O	N
C	H	O	S	E
	T	N	E	

■	■	A	■	S	■	■	Z	■	■	N	■
D	A	S	■	E	N	S	U	I	T	E	■
■	R	S	■	C	A	■	■	N	E	■	L
F	R	I	G	O	■	A	J	■	E	T	E
W	I	E	■	N	E	P	A	S	■	E	T
■	V	T	■	D	I	R	■	H	A	U	T
B	E	T	T	■	N	I	E	■	M	E	R
■	R	E	■	O	E	L	■	D	I	R	E

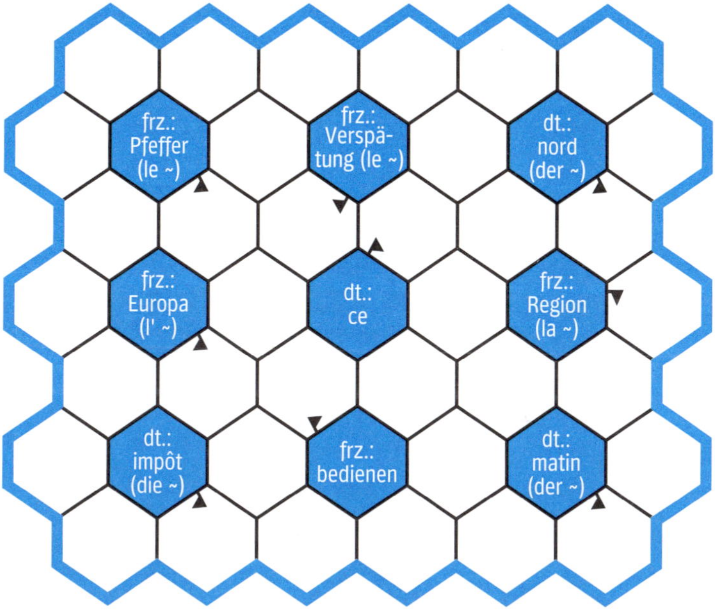

1 frz.: seit
2 dt.: été (der ~)
3 frz.: Verspätung (le ~)
4 dt.: couverture (die ~)
5 frz.: endlich
6 dt.: gentil
7 dt.: animal (das ~)
8 frz.: Straße (la ~)
9 frz.: Sommer (l' ~)
10 dt.: œuf (das ~)
11 frz.: er

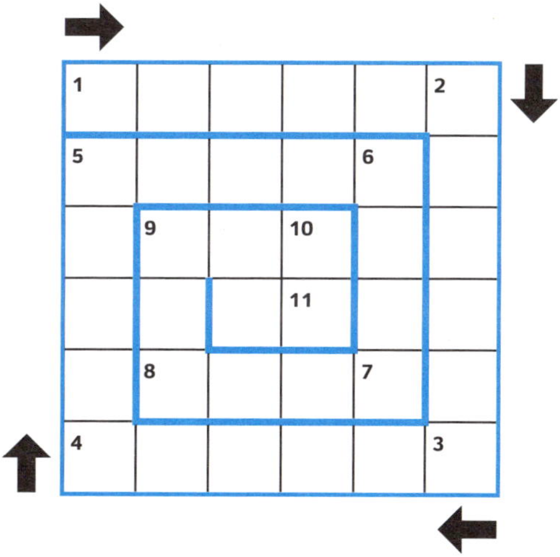

Lösung

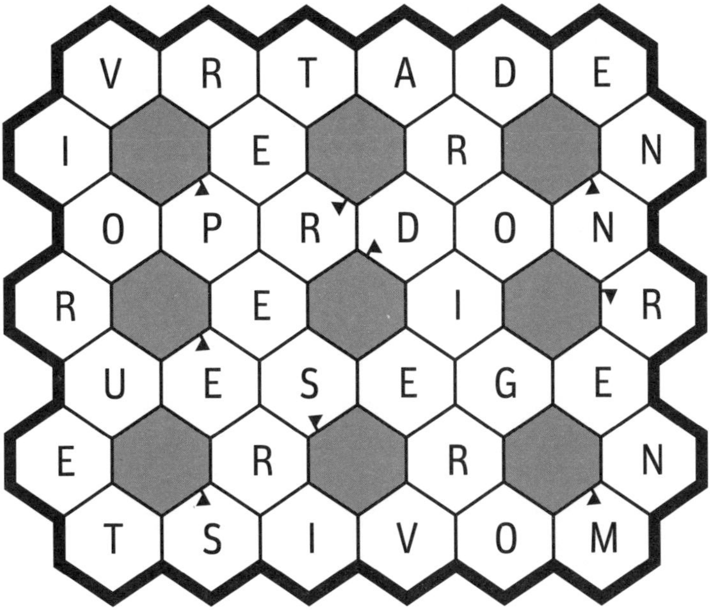

D	E	P	U	I	S
E	N	F	I	N	O
K	E	T	E	E	M
C	U	L	I	T	M
E	R	E	I	T	E
D	R	A	T	E	R

1 dt.: froid

2 frz.: Freundin (une ~)

3 dt.: ascenseur (der ~)

4 frz.: Kopf (la ~)

1	2	3	4
2			
3			
4			

dt.: bâtiment (das ~)		frz.: trocken		dt.: doux	dt.: ou			dt.: chez	frz.: wenn	dt.: jamais	
								frz.: geboren		dt.: gaz (das ~)	
frz.: hundert					dt.: quelque						
dt.: disque (die ~)	dt.: cam-pagne (das ~)	dt.: alors		frz.: alles	dt.: un		frz.: dir		dt.: votre		frz.: Kopf (la ~)
						dt.: lac (der ~)		frz.: Osten (l' ~)			
			frz.: Vogel (un ~)							frz.: du	
dt.: fois (das ~)			frz.: eine				dt.: lit (das ~)				
dt.: là-bas					dt.: œuf (das ~)			frz.: Straße (la ~)			

A2_fr2-23

Lösung

K	A	L	T
A	M	I	E
L	I	F	T
T	E	T	E

	S		S			O	B				N
G	E	B	A	E	U	D	E		S		I
	C	E	N	T		E	I	N	I	G	E
			F			R		E		A	
P	L	A	T	T	E		T		E	S	T
M	A	L		O	I	S	E	A	U		E
	N	S		U	N	E		B	E	T	T
	D	O	R	T		E	I		R	U	E

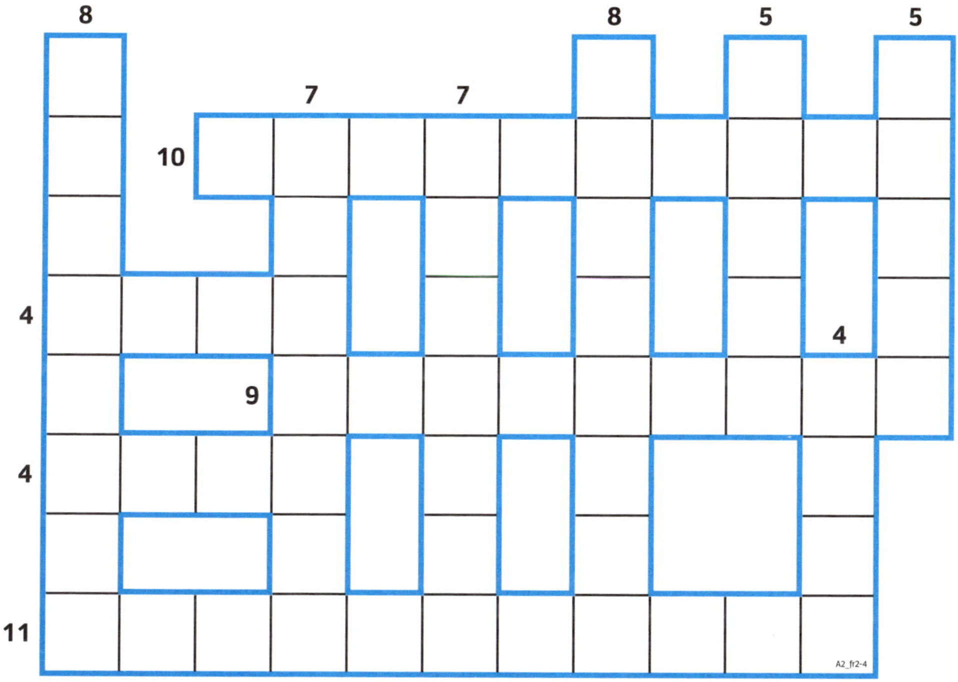

4 Buchstaben:
frz.: neu, frz.: Rosé (le ~), frz.: ohne

5 Buchstaben:
dt.: climat (das ~), frz.: drei

7 Buchstaben:
frz.: Ankunft (une ~), dt.: enchanté

8 Buchstaben:
frz.: Lebensmittelgeschäft (une ~), dt.: dentiste (der ~)

9 Buchstaben:
dt.: passeport (der ~)

10 Buchstaben:
frz.: sich erinnern (2 W.)

11 Buchstaben:
frz.: ständig

Lösung

Z							E		K		T
A		S	E	R	A	P	P	E	L	E	R
H			R		R		I		I		O
N	E	U	F		R		C		M		I
A			R	E	I	S	E	P	A	S	S
R	O	S	E		V		R			A	
Z			U		E		I			N	
T	O	U	T	L	E	T	E	M	P	S	

frz.: Haus (la ~)		frz.: Chefin (la ~)	dt.: elle	dt.: sans		frz.: ein	dt.: chacun		dt.: ça	dt.: quand	
						dt.: oui		1	frz.: dir	dt.: glace (das ~)	
dt.: vert		frz.: eine			dt.: ouest (der ~)						
3		4			frz.: Idee (une ~)	dt.: zéro		dt.: un		2	
			dt.: une		5			dt.: il	dt.: rouge		dt.: lac (der ~)
frz.: sein			frz.: geboren	frz.: dauern						frz.: sich	
frz.: Vater (le ~)		frz.: Weih-nachten				6	frz.: Rosé (le ~)				
			8	dt.: onze		7		dt.: thé (der ~)			A2_fr2-45

chercher une

1	2	3	4	5	6	7	8

dans une botte de foin

Lösung

	P				U			D			W
M	A	I	S	O	N		J	A			A
	T		I	H		W	E	S	T	E	N
G	R	U	E	N			D		E	I	N
S	O	N		E	I	N	E			S	
	N	E			D	U	R	E	R		S
	N		N	O	E	L		R	O	S	E
P	E	R	E		E	L	F		T	E	E

chercher une aiguille dans une botte de foin
(eine Stecknadel im Heuhaufen suchen)

1 frz.: Urlaub (le ~)
2 frz.: Schule (une ~)
3 frz.: endlich
4 dt.: non
5 frz.: Norden (le ~)
6 dt.: le
7 frz.: Straße (la ~)
8 frz.: und
9 frz.: dir

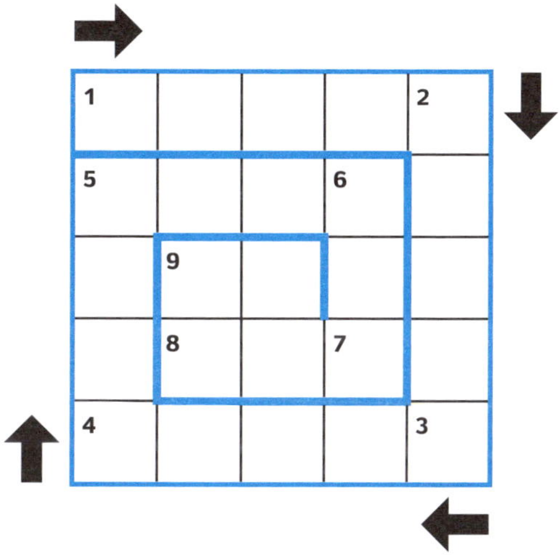

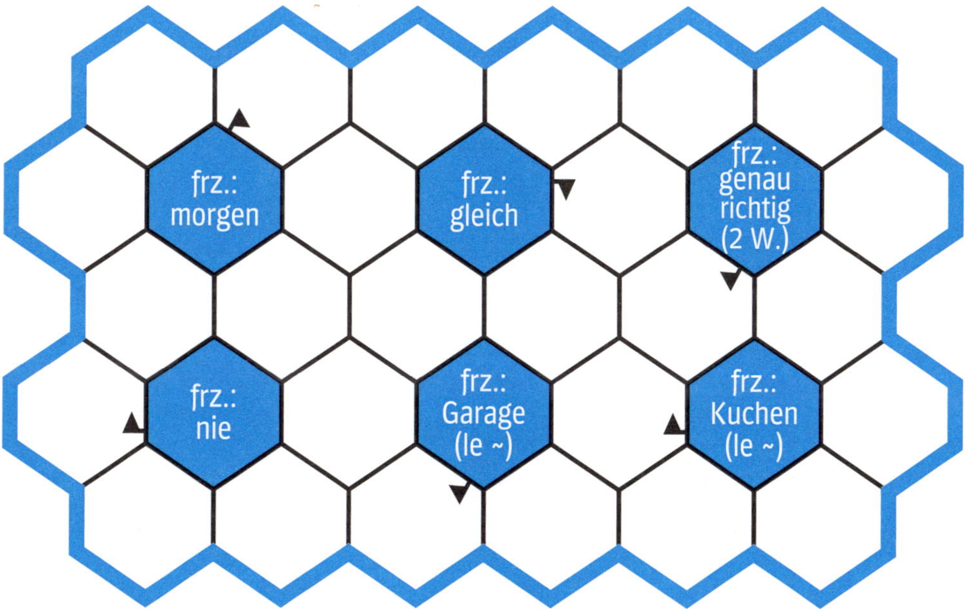

Lösung

C	O	N	G	E
N	O	R	D	C
I	T	E	E	O
E	E	U	R	L
N	I	F	N	E

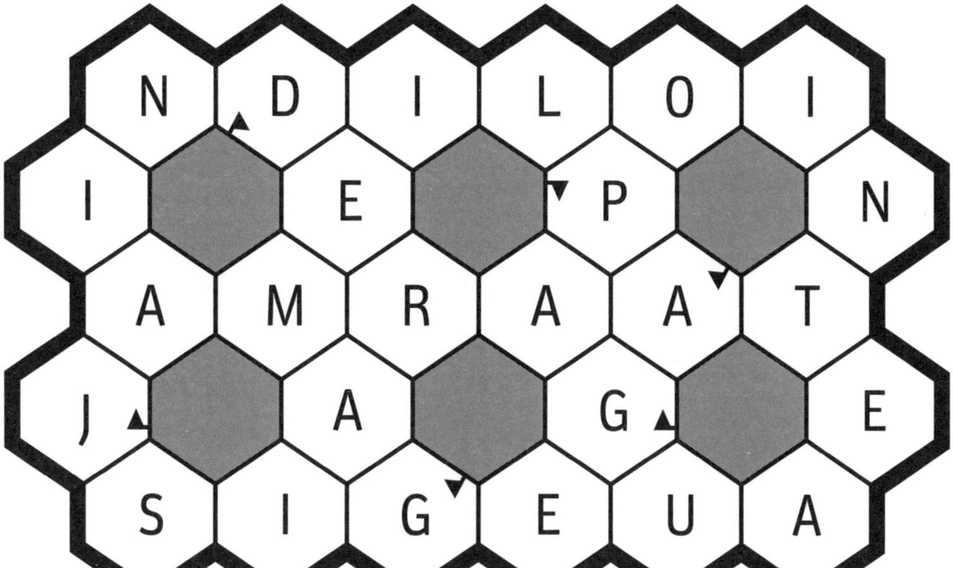

	1	2	3	
1				
2				
3				

1 frz.: Karte (la ~)

2 frz.: Lärm (le ~)

3 frz.: nützlich

frz.: Mutter (la ~)	frz.: Streik (la ~)			frz.: Flughafen (un ~)	frz.: Westen (l' ~)	dt.: beaucoup		dt.: ouest (der ~)		frz.: der	frz.: Feuer (le ~)
				frz.: ja				dt.: onze			
				frz.: eine				dt.: lac (der ~)			
frz.: teuer	frz.: Gleis (la ~)					frz.: Bett (le ~)				frz.: Rosé (le ~)	
frz.: Mahlzeit (le ~)						frz.: man	frz.: dich	dt.: il			dt.: me
frz.: Bier (la ~)	frz.: er	dt.: œuf (das ~)		frz.: früh				frz.: Name (le ~)			
					frz.: nein				frz.: wenn		
dt.: litre (der ~)						dt.: toujours					A2_fr2-5

Lösung

	C	B	U	
C	A	R	T	E
B	R	U	I	T
U	T	I	L	E
	E	T	E	

		G	A				V		W		
M	E	R	E		O	U	I		E	L	F
C	H	E	R		U	N	E		S	E	E
		V	O	I	E		L	I	T		U
	R	E	P	A	S				E	R	
			O		T	O	T		N	O	M
B	I	E	R	E		N	O	N		S	I
	L	I	T	E	R		I	M	M	E	R

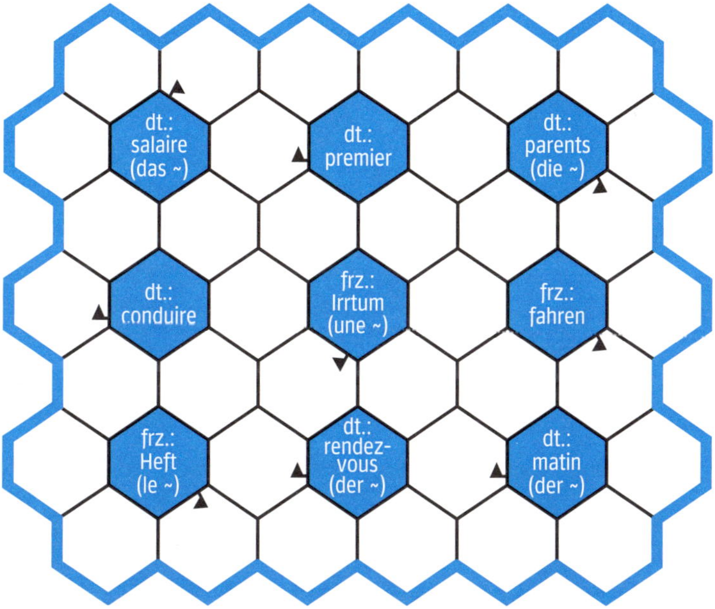

1 frz.: einfach
2 frz.: schreiben
3 frz.: noch
4 frz.: endlich
5 dt.: nuit (die ~)
6 dt.: animal (das ~)
7 frz.: nichts
8 dt.: neuf
9 dt.: et
10 dt.: tu
11 frz.: ein

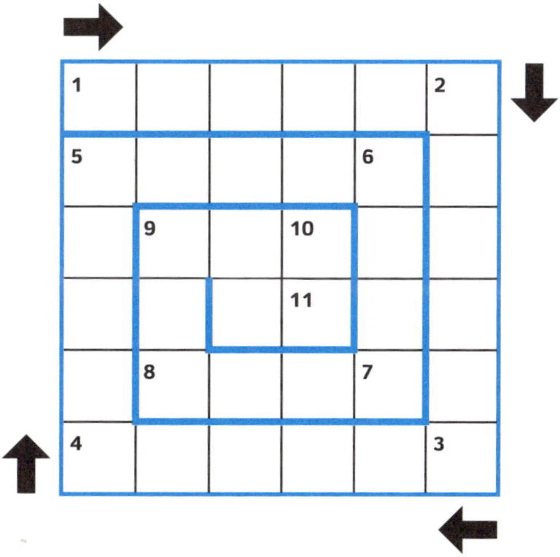

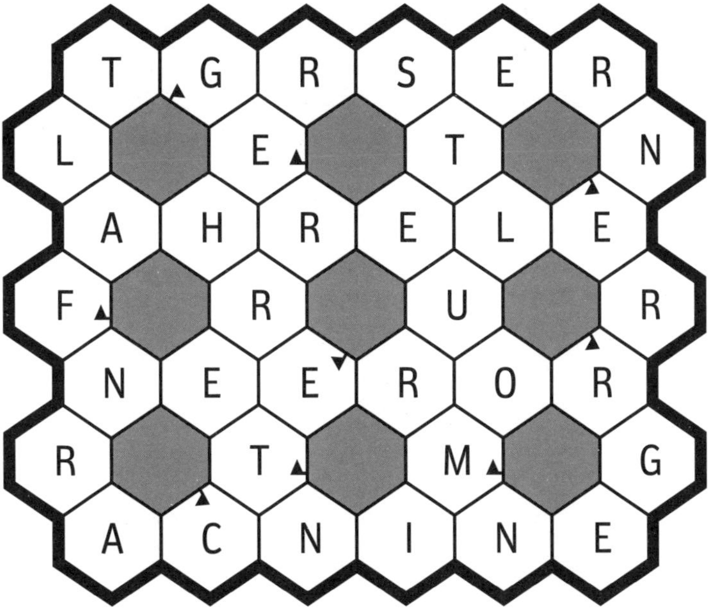

S	I	M	P	L	E
N	A	C	H	T	C
I	U	N	D	I	R
F	E	N	U	E	I
N	N	E	I	R	R
E	R	O	C	N	E

1 frz.: Abend (la ~)

2 frz.: direkt

3 frz.: Vorname (le ~)

4 frz.: zweiter

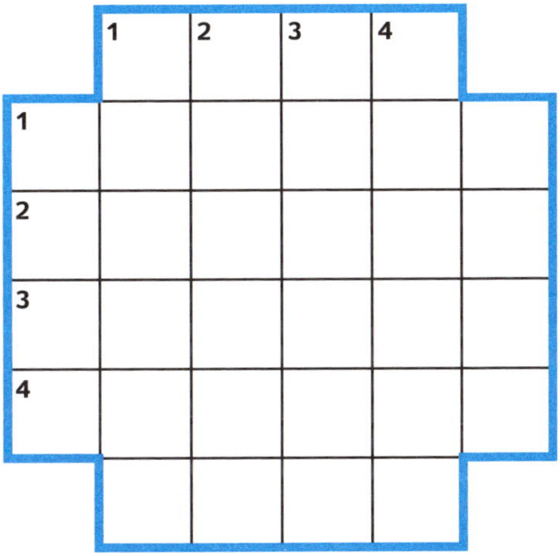

frz.: Schreib-tisch (le ~)		frz.: Süden (le ~)	frz.: machen			frz.: was	frz.: dass	dt.: notre		dt.: avec	dt.: femme (die ~)
						frz.: wer				dt.: il	
dt.: tu			frz.: Feuer (le ~)			dt.: sous					
frz.: Jahr (une ~)	frz.: wir	frz.: Pommes Frites (les ~)							frz.: schnell		
					frz.: ja	dt.: et	frz.: Leben (la ~)			dt.: rouge	
dt.: courage (der ~)		frz.: dir		frz.: auf-machen							frz.: geboren
			dt.: juin					frz.: dein			
frz.: sich			frz.: leer					frz.: Sommer (l' ~)			A2_fr2-24

Lösung

	S	D	P	S	
S	O	I	R	E	E
D	I	R	E	C	T
P	R	E	N	O	M
S	E	C	O	N	D
	E	T	M	D	

■	S	■	■	F	Q	■	■	■	M	■	■
B	U	R	E	A	U	■	Q	U	I	■	F
■	D	U	■	I	O	■	U	N	T	E	R
■	■	■	F	R	I	T	E	S	■	R	A
A	N	N	E	E	■	■	■	E	V	■	U
■	O	■	U	■	O	U	V	R	I	R	■
M	U	T	■	J	U	N	I	■	T	O	N
■	S	E	■	V	I	D	E	■	E	T	E

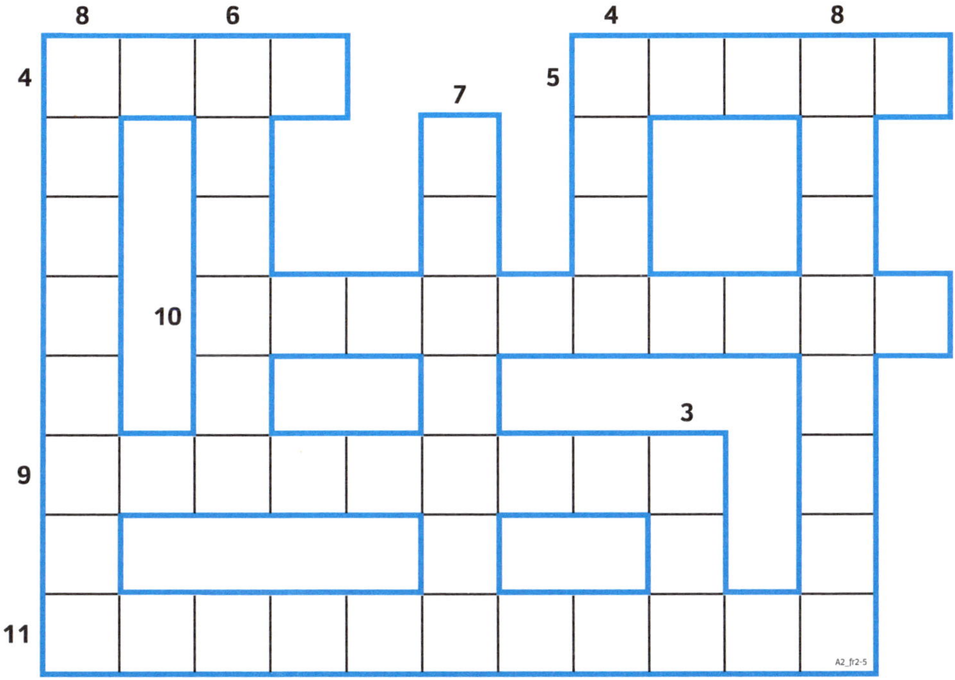

3 Buchstaben:
frz.: hier

6 Buchstaben:
dt.: tant pis

9 Buchstaben:
dt.: boulangerie (die ~)

4 Buchstaben:
dt.: alors,
frz.: sagen

7 Buchstaben:
frz.: Nachspeise (le ~)

10 Buchstaben:
dt.: descendre

5 Buchstaben:
dt.: soif (der ~)

8 Buchstaben:
frz.: angenehm,
dt.: sembler

11 Buchstaben:
frz.: Export (une ~)

Lösung

A	L	S	O				D	U	R	S	T
G		C			D		I			C	
R		H			E		R			H	
E		A	U	S	S	T	E	I	G	E	N
A		D			S					I	
B	A	E	C	K	E	R	E	I		N	
L					R			C		E	
E	X	P	O	R	T	A	T	I	O	N	

dt.: allô	frz.: Schlüssel (la ~)		frz.: da		frz.: für	frz.: Freund (un ~)	dt.: se		dt.: homme (der ~)		dt.: peine (das ~)
					frz.: Tier (un ~)			4			
frz.: schön					frz.: Wasser (l' ~)		frz.: dieser		frz.: geboren		
frz.: gleich	dt.: verre (das ~)	dt.: œil (das ~)	dt.: riche		2		1		dt.: bain (das ~)		
				frz.: Jahr (un ~)		frz.: Feuer (le ~)		dt.: autobus (der ~)		frz.: Salz (le ~)	
dt.: dire			dt.: sur				frz.: niedrig				frz.: sich
					frz.: Studium (les ~)						
frz.: trocken	5			dt.: cours (der ~)		A2_fr2-46	3		frz.: der		6

la | 1 | 2 | 3 | 4 | 5 | 6 | sur le gâteau

Lösung

		C		P				S		M	
H	A	L	L	O		A	N	I	M	A	L
	B	E	A	U		M		C		N	E
				R	E	I	C	H		N	I
E	G	A	L		A		E		B		D
	L	U		A	U	F		B	A	S	
S	A	G	E	N		E	T	U	D	E	S
	S	E	C		K	U	R	S		L	E

la cerise sur le gâteau
(das Tüpfelchen auf dem i)

1 dt.: paquet (das ~)
2 frz.: Tisch (la ~)
3 dt.: manger
4 dt.: non
5 dt.: nom (der ~)
6 frz.: Osten (l' ~)
7 frz.: früh
8 frz.: dir
9 dt.: œuf (das ~)

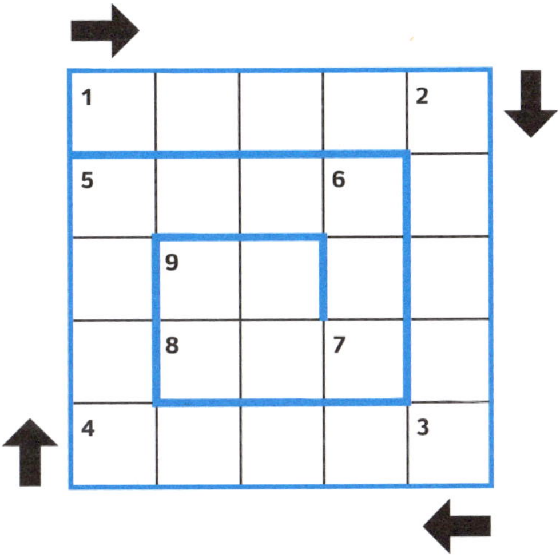

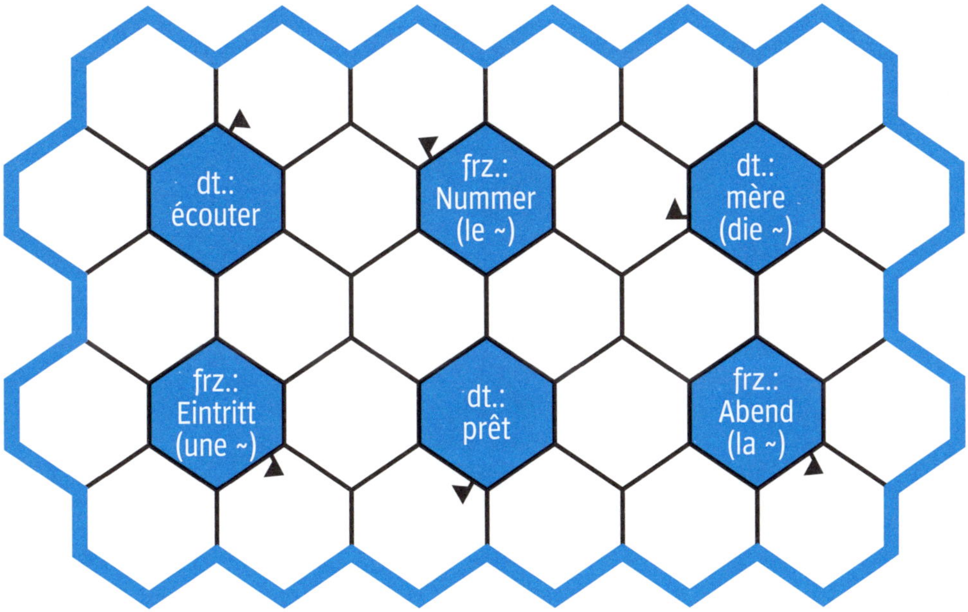

Lösung

P	A	K	E	T
N	A	M	E	A
I	E	I	S	B
E	T	O	T	L
N	E	S	S	E

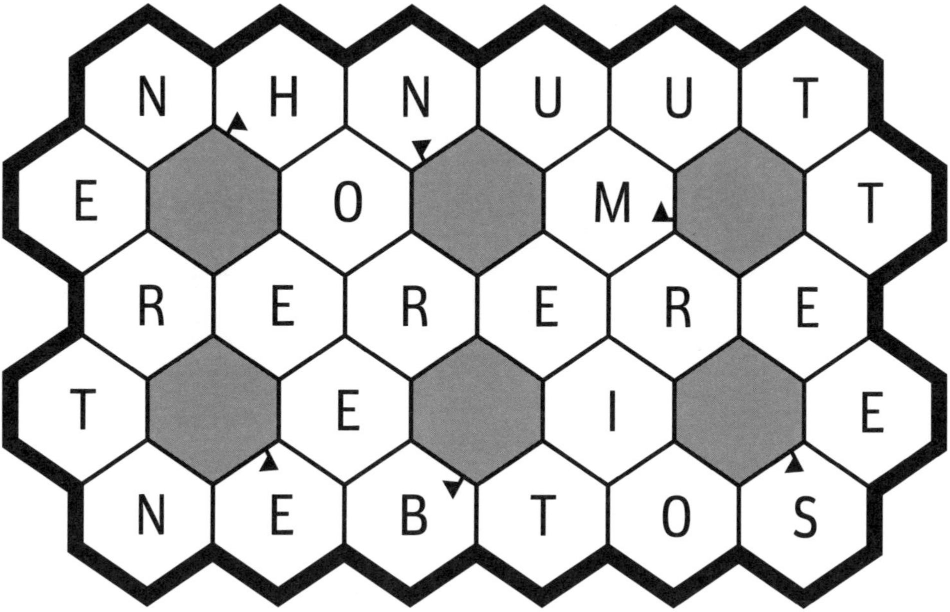

1 dt.: donner

2 dt.: métro (die ~)

3 dt.: voir

	1	2	3	
1				
2				
3				

frz.: Adresse (une ~)		dt.: idée (die ~)		dt.: parler	frz.: sich		dt.: verre (das ~)			dt.: qu'est-ce que	dt.: monde (die ~)
							dt.: fromage (der ~)			frz.: Sonne (le ~)	
					dt.: chez	dt.: caisse (die ~)					
frz.: Donnerstag		dt.: œil (das ~)		frz.: Arm (le ~)					dt.: alors		
frz.: Wasser (l' ~)	dt.: autre							dt.: vieux			
			frz.: und	frz.: da		frz.: schmutzig					dt.: œuf (das ~)
					frz.: mir			dt.: elle			
dt.: oiseau (der ~)	frz.: Stock (un ~)						frz.: hübsch				A2_fr2-6

	G	U	S	
G	E	B	E	N
U	B	A	H	N
S	E	H	E	N
	N	N	N	

■	I	■	R	■	■	S	■	G	W	■	■
A	D	R	E	S	S	E	■	L	A	■	W
J	E	U	D	I	■	■	K	A	S	S	E
■	E	■	E	■	B	R	A	S	■	O	L
■	■	A	N	D	E	R	E	■	A	L	T
E	A	U	■	■	I	■	S	A	L	E	■
V	O	G	E	L	■	M	E	■	S	I	E
■	■	E	T	A	G	E	■	J	O	L	I

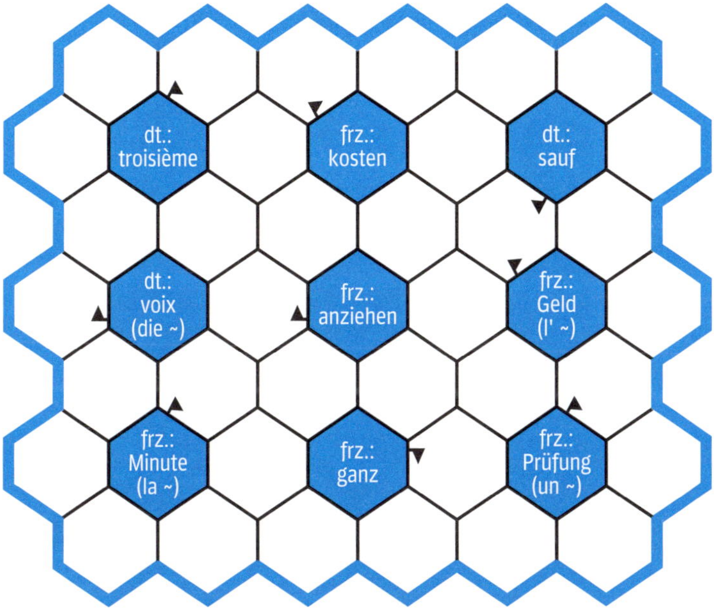

1 frz.: jeder
2 frz.: Nummer (le ~)
3 frz.: Vogel (un ~)
4 frz.: nützlich
5 frz.: genau
6 frz.: Taxi (le ~)
7 frz.: Idee (une ~)
8 frz.: Osten (l' ~)
9 dt.: thé (der ~)
10 dt.: œuf (das ~)
11 dt.: à

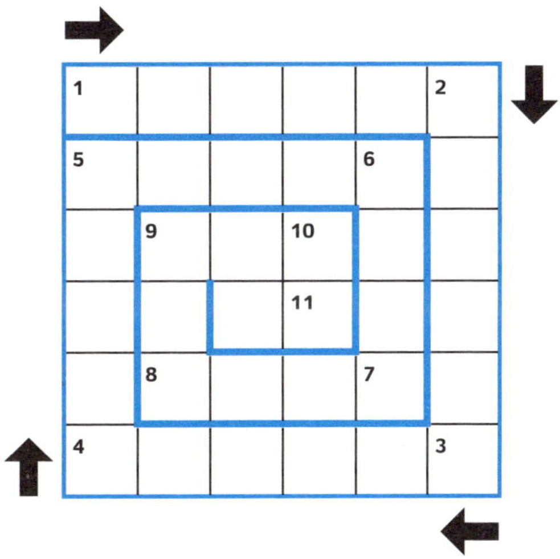

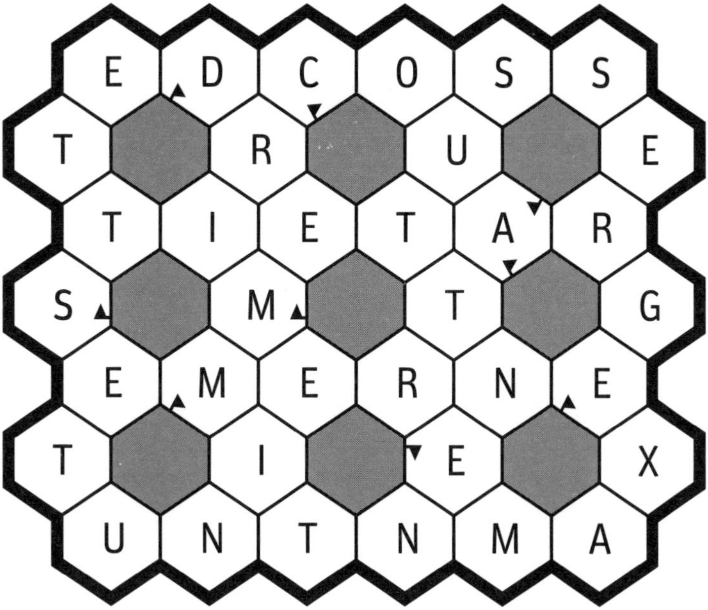

C	H	A	C	U	N
E	X	A	C	T	U
L	T	E	E	A	M
I	S	N	I	X	E
T	E	E	D	I	R
U	A	E	S	I	O

1 dt.: personne (die ~)

2 dt.: demander

3 dt.: il y a (2 W.)

4 dt.: meubles (die ~)

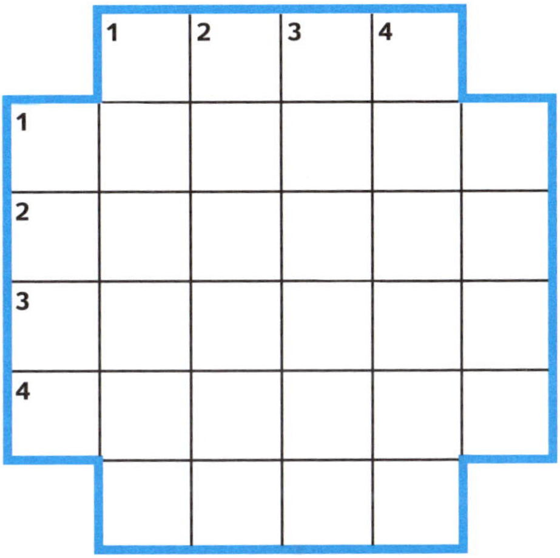

dt.: nez (die ~)		frz.: Tür (la ~)	frz.: man	frz.: teuer			frz.: Mutter (la ~)		frz.: dieser		dt.: fois (das ~)
dt.: pharmacie (die ~)									frz.: Wasser (l' ~)		frz.: Fieber (la ~)
frz.: sein				frz.: Vater (le ~)			frz.: Tee (le ~)	dt.: onze			
			frz.: bereit					frz.: sie		frz.: nichts	
dt.: le	dt.: mai		frz.: dich		dt.: un	frz.: Stunde (une ~)					
frz.: Meter (le ~)						frz.: der			dt.: œuf (das ~)		
frz.: Mittag (le ~)		frz.: Auge (un ~)					dt.: vide				
				frz.: geboren			dt.: une				A2_fr2-25

Lösung

	P	F	E	M	
P	E	R	S	O	N
F	R	A	G	E	N
E	S	G	I	B	T
M	O	E	B	E	L
	N	N	T	L	

	N				C	M		C		M	
	A	P	O	T	H	E	K	E		A	
	S	O	N		E	R			E	L	F
D	E	R		P	R	E	T		A		I
		T		E			H	E	U	R	E
	M	E	T	R	E		E	L		I	V
	A		O	E	I	L		L	E	E	R
M	I	D	I		N	E		E	I	N	E

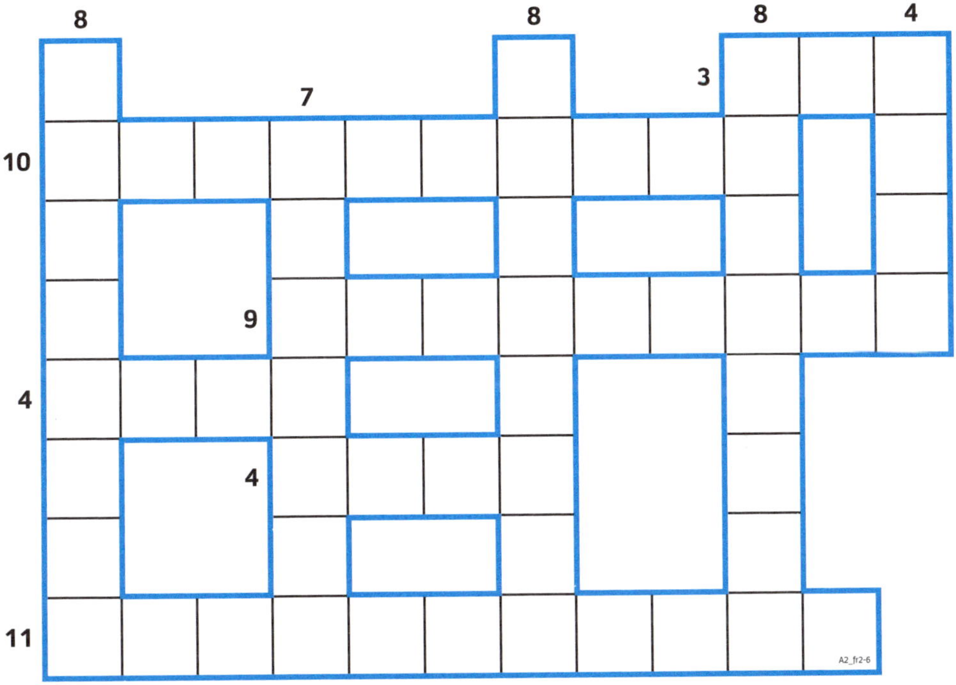

3 Buchstaben:
frz.: durch

4 Buchstaben:
frz.: gleich,
frz.: Milch (le ~),
frz.: nichts

7 Buchstaben:
frz.: welche

8 Buchstaben:
frz.: Teller (une ~),
frz.: vielleicht,
frz.: praktisch

9 Buchstaben:
dt.: entrer

10 Buchstaben:
frz.: s. Sorgen machen

11 Buchstaben:
dt.: décider

Lösung

A						P			P	A	R
S	I	N	Q	U	I	E	T	E	R		I
S			U			U			A		E
I			E	I	N	T	R	E	T	E	N
E	G	A	L			E			I		
T			L	A	I	T			Q		
T			E			R			U		
E	N	T	S	C	H	E	I	D	E	N	

frz.: nur		dt.: qui	dt.: ascen-seur (der ~)	frz.: Osten (l' ~)	frz.: mir		frz.: Leute (les ~)		frz.: und	frz.: Luft (l' ~)	dt.: légume (das ~)
			4						frz.: Salat (la ~)		
dt.: voyager							frz.: Weih-nachten	dt.: elle			
dt.: pain (das ~)	frz.: nichts	frz.: elf			frz.: blau			dt.: bras (der ~)			
				dt.: leur		dt.: huile (das ~)	2			dt.: cuit	
dt.: à			frz.: er			frz.: der		frz.: Alter (un ~)			
	5		dt.: clair					dt.: ça			
frz.: Nase (le ~)			frz.: Straße (la ~)		3		frz.: Vater (le ~)	1			A2_fr2-47

être une | 1 | 2 | 3 | 4 | 5 | mouillée

Lösung

■	W	■	■	■	■	G	■	E	■	■	■
S	E	U	L	E	M	E	N	T	■	A	G
■	R	E	I	S	E	N	■	■	S	I	E
■	■	■	F	T	■	S	N	■	A	R	M
B	R	O	T	■	B	■	O	E	L	■	U
■	I	N	■	I	L	■	E	■	A	G	E
N	E	Z	■	H	E	L	L	■	D	A	S
■	N	E	■	R	U	E	■	P	E	R	E

être une poule mouillée
(ein Angsthase sein)

1 dt.: fleur (die ~)
2 frz.: endlich
3 frz.: nicht (2 W.)
4 dt.: sel (das ~)
5 frz.: null
6 frz.: ja
7 frz.: hier
8 frz.: er
9 frz.: der

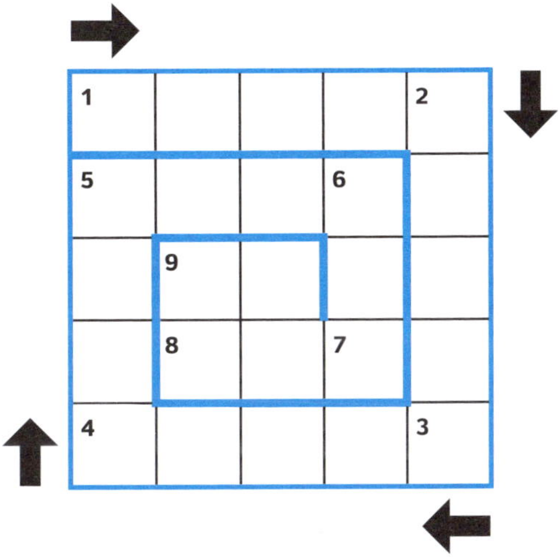

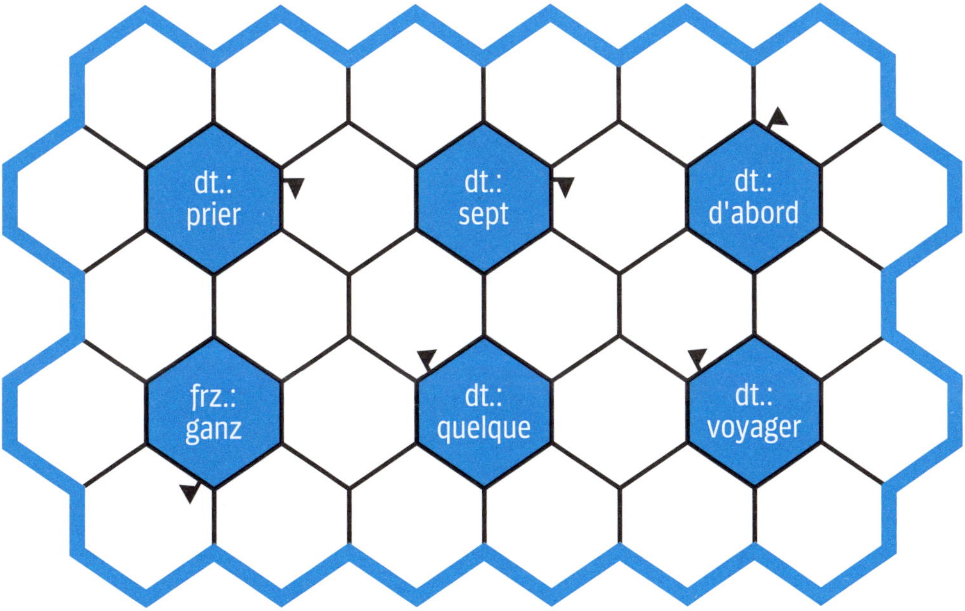

Lösung

B	L	U	M	E
Z	E	R	O	N
L	L	E	U	F
A	I	C	I	I
S	A	P	E	N

E	N	E	N	T	Z	
T		B		S		U
T	I	E	I	R	E	
N		E		N		I
E	R	G	I	E	S	

1 dt.: étage (der ~)

2 dt.: moteur (der ~)

3 frz.: Schule (une ~)

	1	2	3	
1				
2				
3				

frz.: niedrig		frz.: Junge (le ~)	dt.: juin		frz.: nein	frz.: danke		frz.: geboren	frz.: Streik (la ~)		frz.: man
			dt.: en bas						frz.: Kuchen (le ~)		
dt.: billet (der ~)		frz.: Stunde (une ~)	frz.: sie			dt.: pluie (der ~)					
						dt.: plus		dt.: onze			dt.: nom (der ~)
dt.: huile (das ~)				frz.: Bett (le ~)	dt.: louer						
dt.: zéro					frz.: das		frz.: der			dt.: à	
frz.: Tee (le ~)	dt.: riche						frz.: Hunger (la ~)				
			frz.: spät					frz.: eine			A2_fr2-7

Lösung

	S	M	E	
S	T	O	C	K
M	O	T	O	R
E	C	O	L	E
	K	R	E	

■	G	■	■	J	■	■	M	■	■	G	■
B	A	S	■	U	N	T	E	N	■	R	O
■	R	■	■	N	O	■	R	E	G	E	N
S	C	H	E	I	N	■	C	■	A	V	■
■	O	E	L	■	■	M	I	E	T	E	N
■	N	U	L	L	■	E	■	L	E	■	A
■	■	R	E	I	C	H	■	F	A	I	M
T	H	E	■	T	A	R	D	■	U	N	E

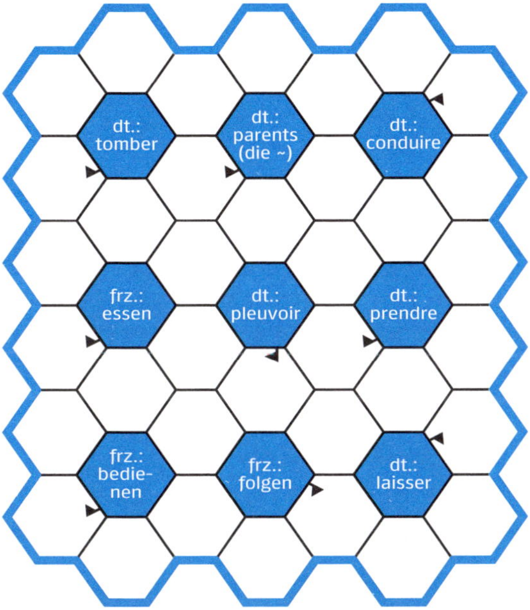

1 frz.: reden
2 frz.: Rückfahrt (le ~)
3 frz.: bleiben
4 dt.: riche
5 dt.: port (der ~)
6 frz.: Norden (le ~)
7 dt.: village (das ~)
8 frz.: Feuer (le ~)
9 dt.: et
10 dt.: tu
11 frz.: ein

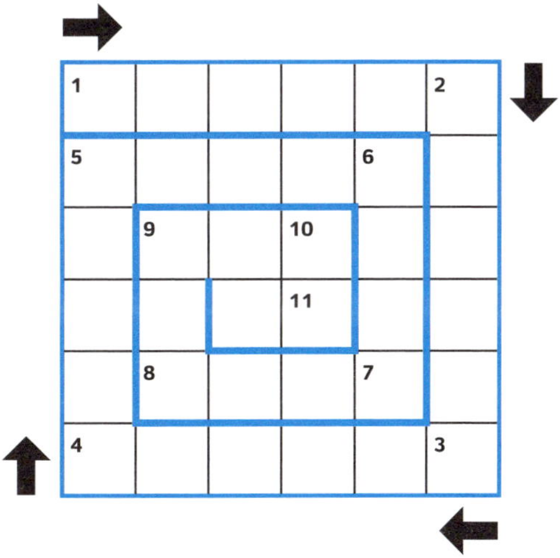

Lösung

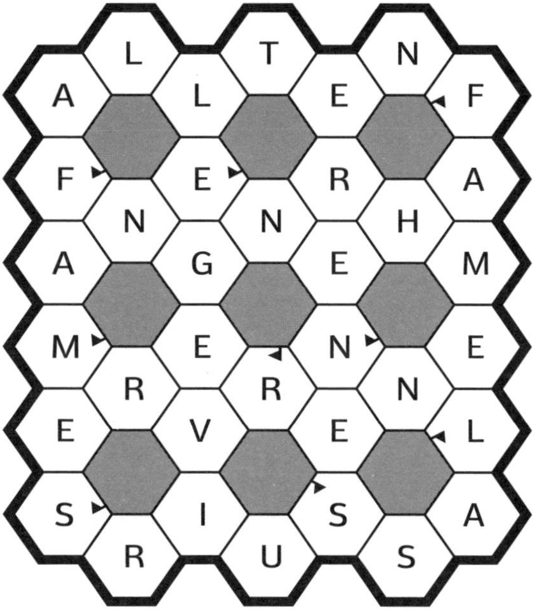

P	A	R	L	E	R
H	A	F	E	N	E
C	U	N	D	O	T
I	E	N	U	R	O
E	F	R	O	D	U
R	E	T	S	E	R

1 frz.: Mitte (le ~)

2 frz.: Klasse (la ~)

3 frz.: Platte (le ~)

4 dt.: sain

	1	2	3	4	
1					
2					
3					
4					

frz.: hier		frz.: leicht		frz.: Meer (la ~)	dt.: neuf	dt.: en haut		dt.: à	frz.: blau		frz.: dein
frz.: Schlüssel (la ~)				frz.: nein				dt.: vieux			
				frz.: Viertel (le ~)			dt.: lire	frz.: dass	frz.: ein		
dt.: animal (das ~)	frz.: zwei		frz.: jemand								
frz.: enttäuscht					dt.: neuf					dt.: nous	dt.: thé (der ~)
dt.: il			frz.: Jahr (un ~)			frz.: sich			dt.: où		
frz.: genau		frz.: Streik (la ~)						dt.: comme			
					frz.: noch						A2_fr2-26

	M	C	D	G	
M	I	L	I	E	U
C	L	A	S	S	E
D	I	S	Q	U	E
G	E	S	U	N	D
	U	E	E	D	

	I		M				I			B	
	C	L	E		N	O	N		A	L	T
T	I	E	R		E	B				E	O
		G		Q	U	E	L	Q	U	U	N
	D	E	C	U		N	E	U	N		
	E	R		A	N		S	E		W	T
	U		G	R	E	V	E		W	I	E
E	X	A	C	T		E	N	C	O	R	E

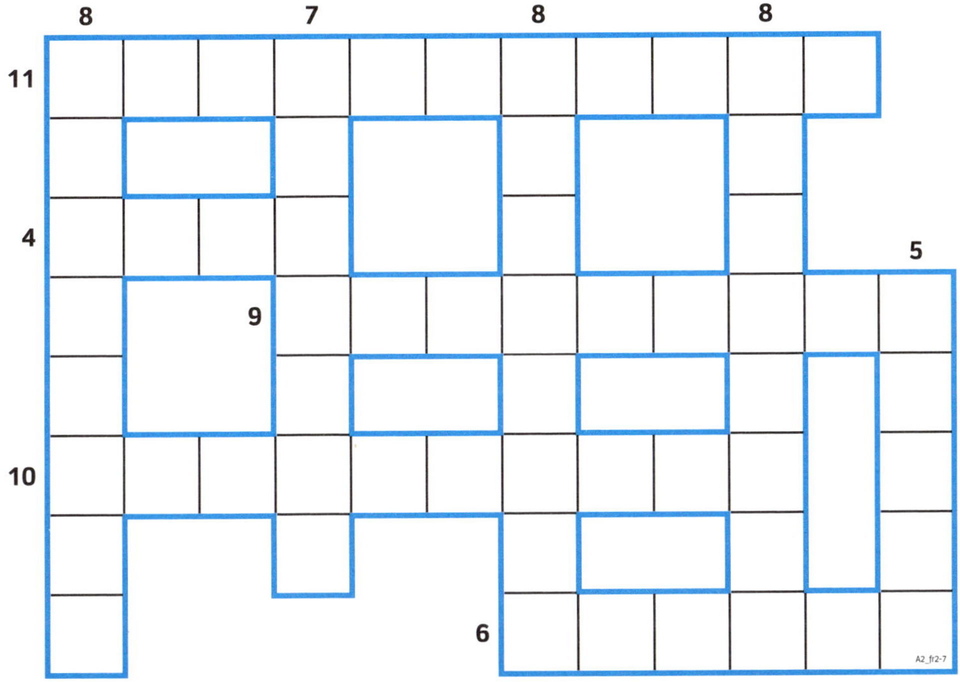

4 Buchstaben:
dt.: pied (der ~)

5 Buchstaben:
dt.: parler

6 Buchstaben:
dt.: parents (die ~)

7 Buchstaben:
frz.: versuchen

8 Buchstaben:
dt.: commencer,
frz.: hören,
frz.: Gebäude
(un ~)

9 Buchstaben:
frz.: Lift (un ~)

10 Buchstaben:
dt.: bonsoir (2 W.)

11 Buchstaben:
dt.: accepter

Lösung

A	K	Z	E	P	T	I	E	R	E	N	
N			S			M			N		
F	U	S	S			M			T		
A			A	S	C	E	N	S	E	U	R
N			Y			U			N		E
G	U	T	E	N	A	B	E	N	D		D
E			R			L			R		E
N						E	L	T	E	R	N

frz.: eine		dt.: à	frz.: ja			dt.: demi	dt.: autre-ment	frz.: ein	dt.: zéro		frz.: Note (la ~)
frz.: nett			dt.: animal (das ~)			frz.: keinerlei			3		
		6				frz.: haben			frz.: Freund (un ~)		
dt.: port (der ~)	frz.: mit	dt.: photo (das ~)		dt.: bain (das ~)				dt.: vieux			
4					dt.: lac (der ~)			dt.: thé (der ~)		frz.: Sommer (l' ~)	
dt.: avant		5		frz.: Ausgang (la ~)		2					dt.: il
frz.: und			dt.: voyage (die ~)						frz.: dir		
frz.: kosten	1						dt.: votre				A2_fr2-48

être une tête de

1	2	3	4	5	6

Lösung

■	U	■	■	O	H	■	■	■	■	N	■
■	N	I	■	U	A	■	A	U	C	U	N
G	E	N	T	I	L	■	N	N	■	L	O
■	■	■	I	■	B	A	D	■	A	L	T
H	A	F	E	N	■	V	E	■	M	■	E
■	V	O	R	■	S	O	R	T	I	E	■
■	E	T	■	R	E	I	S	E	■	T	E
■	C	O	U	T	E	R	■	E	U	E	R

être une tête de cochon
(einen Dickkopf haben)

1 frz.: Streik (la ~)
2 frz.: Stock (un ~)
3 frz.: unten (2 W.)
4 frz.: Abend (le ~)
5 frz.: Rosé (le ~)
6 dt.: un
7 dt.: neuf
8 frz.: ein
9 frz.: geboren

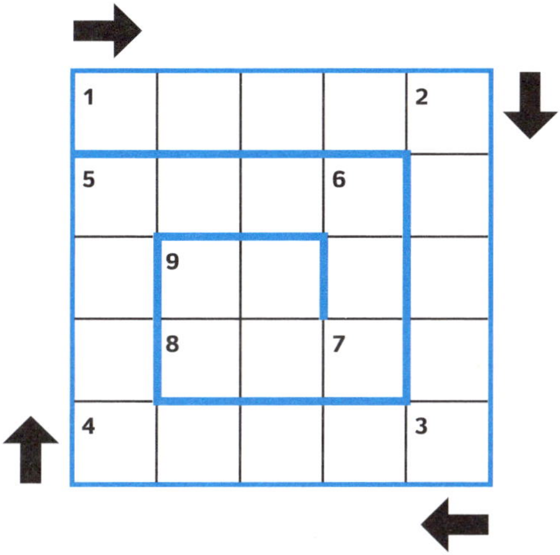

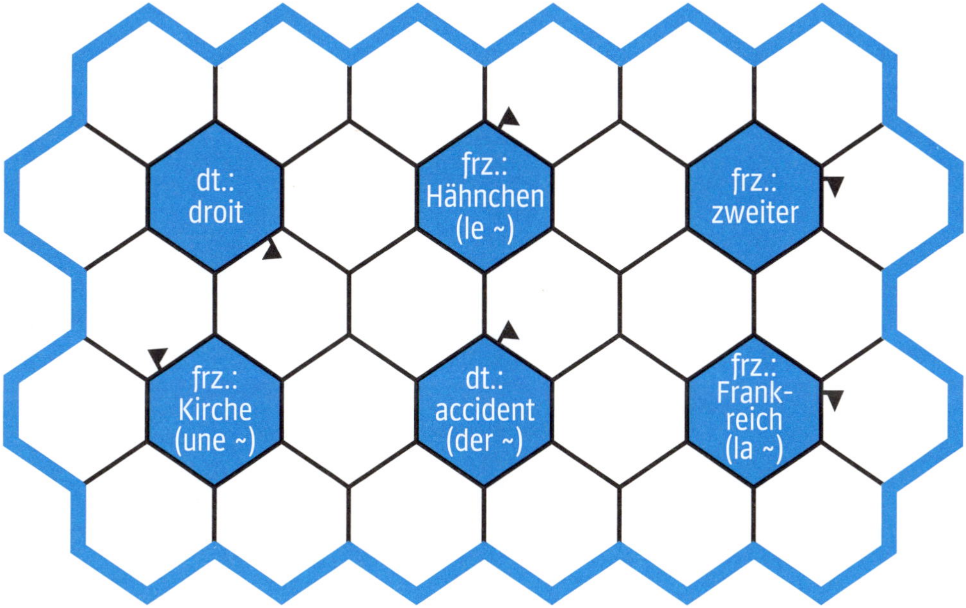

Lösung

G	R	E	V	E
R	O	S	E	T
I	N	E	I	A
O	U	E	N	G
S	A	B	N	E

1 frz.: Feld (le ~)

2 frz.: ruhig

3 dt.: toujours

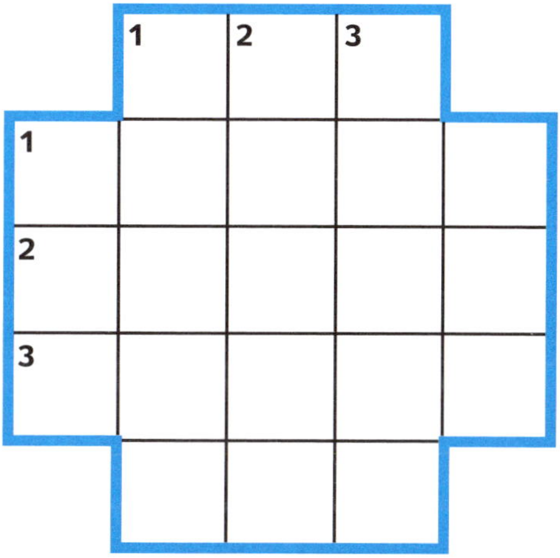

frz.: Kino (le ~)	frz.: Idee (une ~)	frz.: Glas (le ~)		dt.: élection (die ~)		frz.: gut		dt.: lac (der ~)			dt.: me
						dt.: bord (das ~)		dt.: ça			frz.: du
frz.: hart				dt.: cent							
dt.: lire		frz.: sieben		frz.: Norden (le ~)			frz.: Süden (le ~)		frz.: sein	dt.: encore	
					dt.: manger						dt.: leur
dt.: impor-tation (der ~)	frz.: mir		frz.: oder		frz.: dir			frz.: dich			
						dt.: par					
frz.: Studium (les ~)							dt.: très				A2_fr2-8

Lösung

	C	C	I	
C	H	A	M	P
C	A	L	M	E
I	M	M	E	R
	P	E	R	

			V		W		B		S	M	
C	I	N	E	M	A		O		E	I	
	D	U	R		H	U	N	D	E	R	T
	E		R		L	F		A			U
L	E	S	E	N		E	S	S	E	N	
		E		O		R	U		T	O	I
I	M	P	O	R	T		D	U	R	C	H
	E	T	U	D	E	S		S	E	H	R

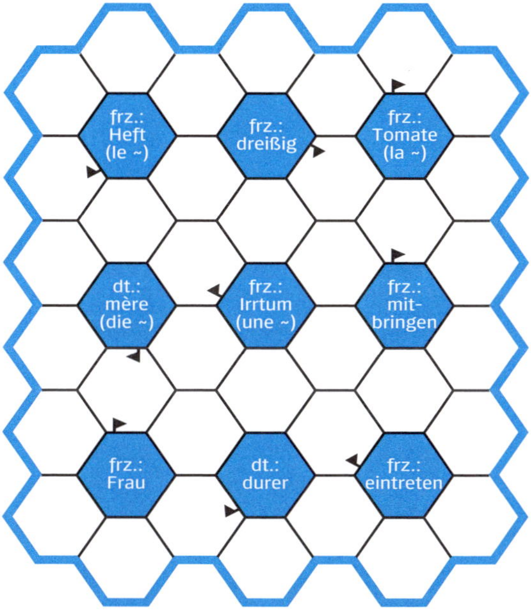

1 frz.: Prüfung (un ~)
2 dt.: numéro (die ~)
3 dt.: pleuvoir
4 frz.: nicht (2 W.)
5 frz.: Stift (le ~)
6 dt.: sans
7 frz.: gleich
8 frz.: See (le ~)
9 frz.: Schlüssel (la ~)
10 frz.: und
11 frz.: dir

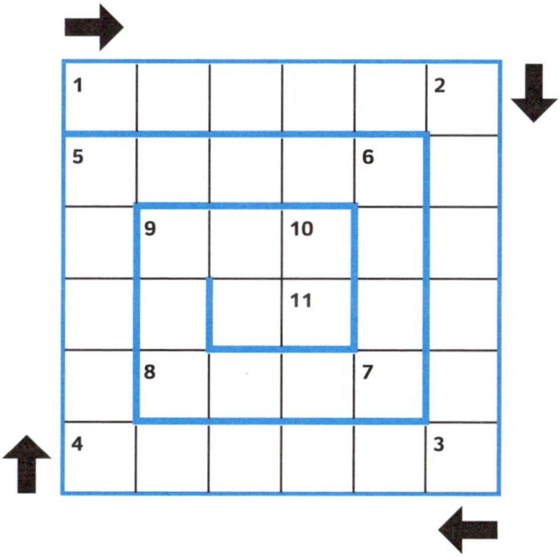

Lösung

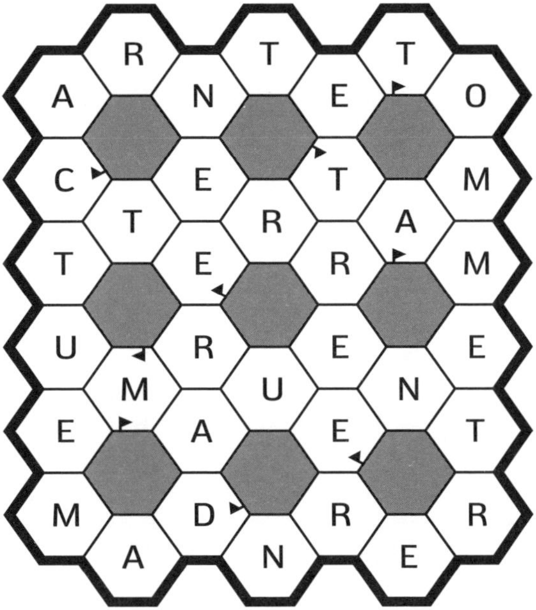

E	X	A	M	E	N
S	T	Y	L	O	U
A	C	L	E	H	M
P	A	E	T	N	M
E	L	A	G	E	E
N	E	N	G	E	R

1 frz.: braun

2 frz.: Geld (l' ~)

3 dt.: ami (der ~)

4 frz.: geben

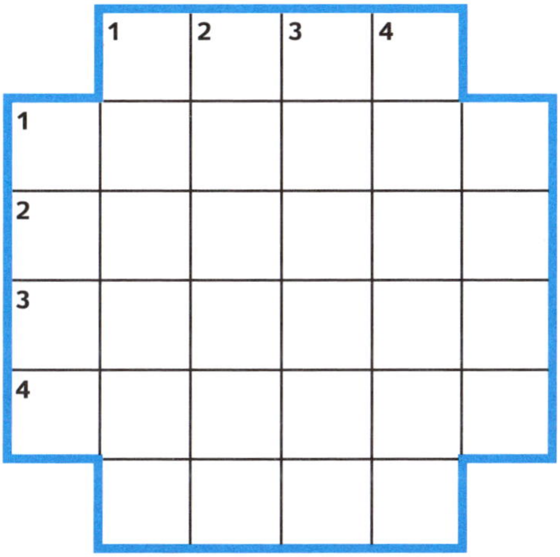

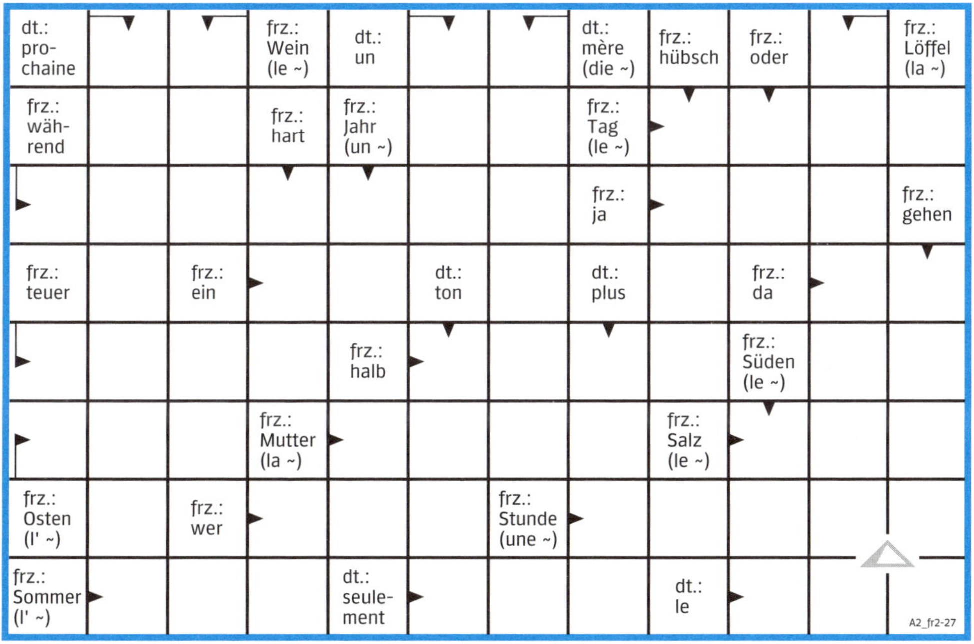

Lösung

	M	A	F	D	
M	A	R	R	O	N
A	R	G	E	N	T
F	R	E	U	N	D
D	O	N	N	E	R
	N	T	D	R	

	N	V			E	M				C	
	A	I			I	U		J	O	U	R
P	E	N	D	A	N	T		O	U	I	
	C		U	N		T		L		L	A
C	H	E	R		D	E	M	I		L	L
E	S	T		M	E	R	E		S	E	L
	T		Q	U	I		H	E	U	R	E
	E	T	E		N	U	R		D	E	R

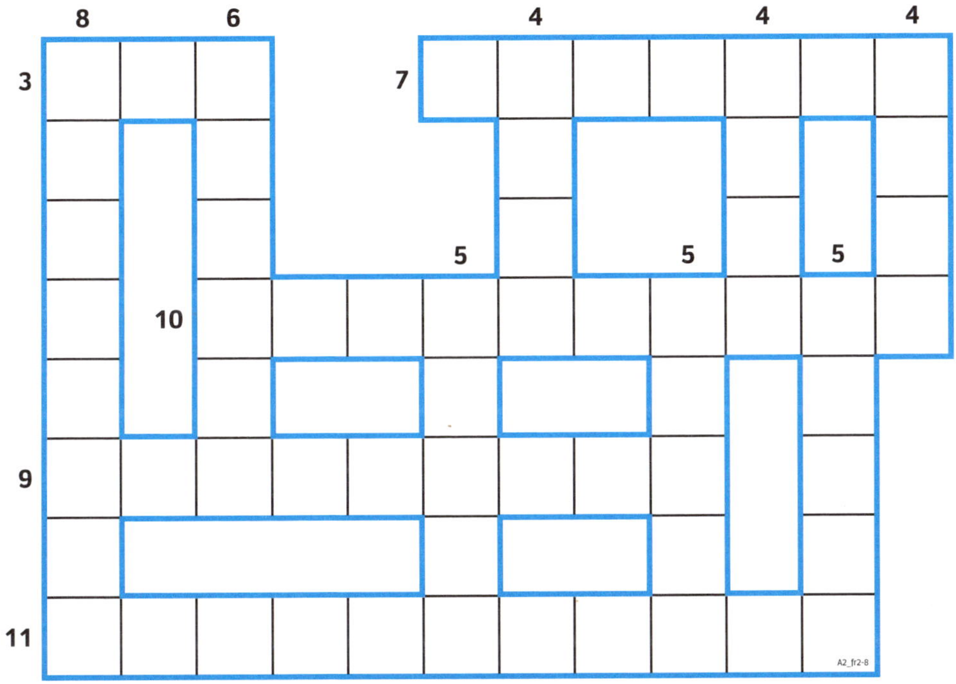

3 Buchstaben:
frz.: niedrig

4 Buchstaben:
dt.: arbre (der ~),
frz.: bei, dt.: votre

5 Buchstaben:
frz.: Schule (une ~),
frz.: Dienstag (le ~),
frz.: Wolke (le ~)

6 Buchstaben:
dt.: lourd

7 Buchstaben:
frz.: Oktober

8 Buchstaben:
frz.: Gebäude (le ~)

9 Buchstaben:
dt.: Européen (der ~)

10 Buchstaben:
dt.: salon (das ~)

11 Buchstaben:
frz.: sofort (3 W.)

Lösung

B	A	S			O	C	T	O	B	R	E
A		C				H			A		U
T		H				E			U		E
I		W	O	H	N	Z	I	M	M	E	R
M		E			U			A		C	
E	U	R	O	P	A	E	E	R		O	
N					G			D		L	
T	O	U	T	D	E	S	U	I	T	E	

Rätselspaß

dt.: propre	frz.: wer			dt.: mais		dt.: question (die ~)		dt.: onze		frz.: Salz (le ~)	dt.: plusieurs
						dt.: bruit (der ~)					
dt.: comme		3		dt.: sur				frz.: oder		frz.: leicht	
dt.: et	dt.: gentil	frz.: sagen		dt.: ton		dt.: oui	frz.: Wasser (l' ~)	2	dt.: nez (die ~)		
		1	frz.: Mittagessen (le ~)								
dt.: une					frz.: geboren			frz.: Alter (un ~)		4	
frz.: Zug (le ~)	5					dt.: notre			6		
frz.: dir			dt.: neuf				frz.: Mutter (la ~)				A2_fr2-49

faire quelque chose les deux

1	2	3	4	5	6

dans le nez

Lösung

		Q	A		F		E		S		
S	A	U	B	E	R		L	A	E	R	M
	W	I	E		A	U	F		L		E
			R		G			O		L	H
U	N	D		D	E	J	E	U	N	E	R
	E	I	N	E		A	A		A	G	E
	T	R	A	I	N		U	N	S	E	R
	T	E		N	E	U		M	E	R	E

faire quelque chose les deux doigts dans le nez
(etwas mit links machen)

1 frz.: Suppe (la ~)
2 dt.: quelque chose
3 frz.: Stift (le ~)
4 frz.: elf
5 frz.: sein
6 frz.: Osten (l' ~)
7 frz.: dich
8 dt.: à
9 frz.: geboren

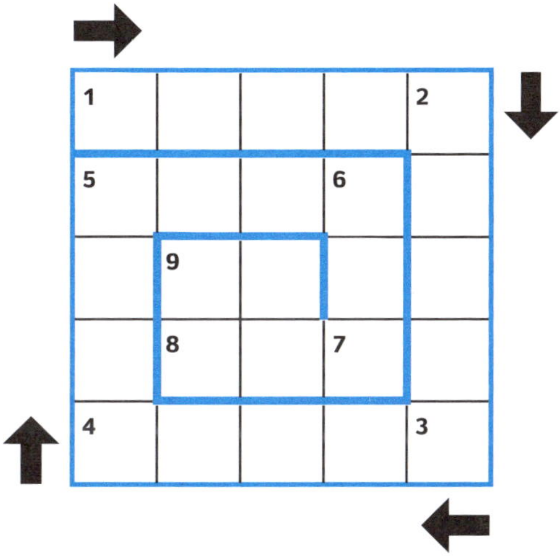

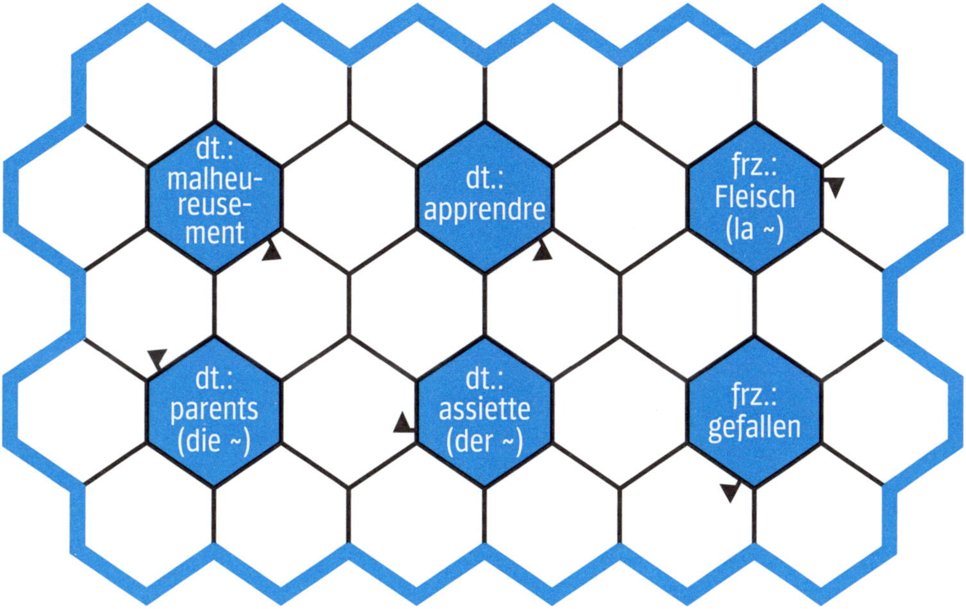

S	O	U	P	E
E	T	R	E	T
Z	N	E	S	W
N	I	O	T	A
O	L	Y	T	S

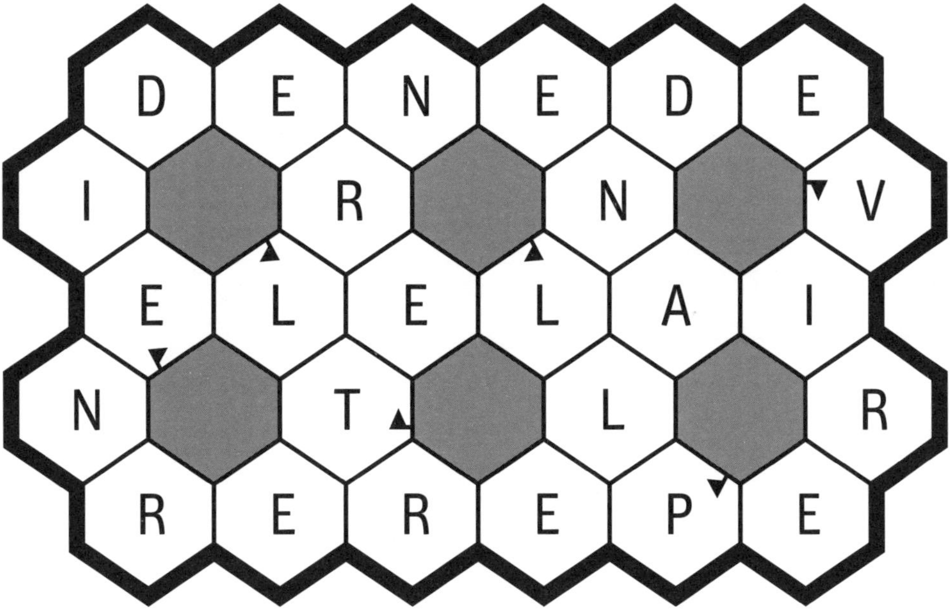

1 frz.: Küche (la ~)

2 frz.: Benzin (l' ~)

3 dt.: avis (die ~)

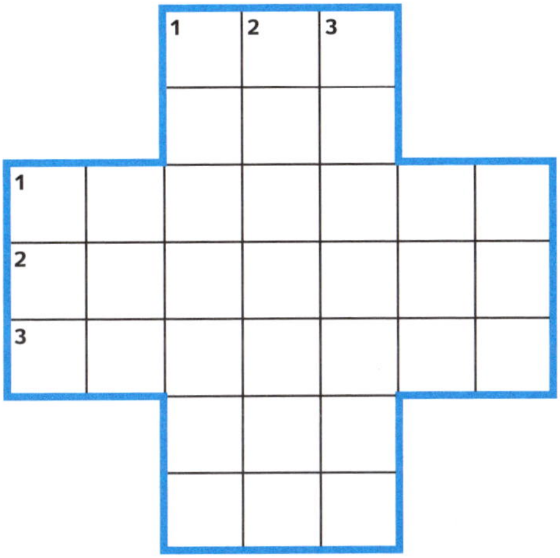

dt.: voyage (die ~)	frz.: Mittag (le ~)		dt.: qui		frz.: Feld (le ~)			dt.: on		frz.: und	frz.: Tee (le ~)
					frz.: hoch					frz.: Luft (l' ~)	
frz.: Meinung (un ~)	frz.: Stadt (la ~)		frz.: Sport (le ~)		frz.: Salz (le ~)			dt.: bras (der ~)	dt.: mètre (der ~)		
				frz.: Rosé (le ~)			frz.: Freun-din (une ~)				
frz.: Alkohol (l' ~)		frz.: vorbe-reiten									dt.: thé (der ~)
						frz.: wenn	dt.: il			frz.: du	
					frz.: sich			frz.: Sommer (l' ~)			
frz.: also		frz.: fest-halten						frz.: Straße (la ~)			A2_fr2-9

Lösung

		C	E	M		
		U	S	E		
C	U	I	S	I	N	E
E	S	S	E	N	C	E
M	E	I	N	U	N	G
		N	C	N		
		E	E	G		

■	■	M	■	W	■	C	M	■	E	■	■
R	E	I	S	E	■	H	A	U	T	■	T
■	■	D	■	R	■	A	N	■	■	A	H
A	V	I	S	■	S	M	■	A	M	I	E
■	I	■	P	R	E	P	A	R	E	R	■
A	L	C	O	O	L	■	■	M	T	■	T
A	L	O	R	S	■	S	E	■	E	T	E
■	E	■	T	E	N	I	R	■	R	U	E

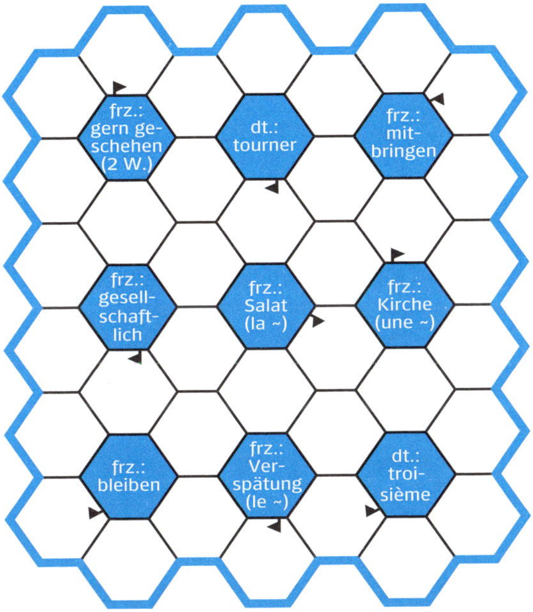

1 dt.: écouter
2 dt.: numéro (die ~)
3 frz.: Verspätung (le ~)
4 frz.: Grad (un ~)
5 frz.: genau
6 frz.: spät
7 dt.: ton
8 dt.: neuf
9 frz.: eine
10 dt.: œuf (das ~)
11 dt.: à

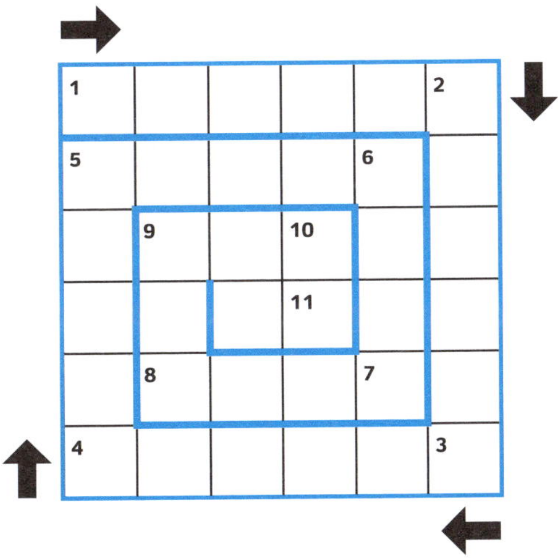

Lösung

H	O	E	R	E	N
E	X	A	C	T	U
R	U	N	E	A	M
G	E	N	I	R	M
E	N	I	E	D	E
D	R	A	T	E	R

1 dt.: rendezvous (der ~)

2 frz.: Geld (l' ~)

3 frz.: mitbringen

4 frz.: Kino (le ~)

	1	2	3	4	
1					
2					
3					
4					

frz.: da		dt.: pantalon (die ~)	frz.: Hose (le ~)		frz.: elf			dt.: trop		frz.: wenig	dt.: huile (das ~)
					frz.: Nummer (le ~)						
frz.: klein		frz.: dich	frz.: Nase (le ~)				frz.: Leitung (la ~)	frz.: eine			
					dt.: onze				dt.: là-bas	dt.: bord (das ~)	
frz.: hier	frz.: Schlüssel (la ~)		frz.: Jahr (un ~)			frz.: geboren		dt.: tu			dt.: thé (der ~)
			frz.: lang					dt.: souvent			
dt.: sain		dt.: où			frz.: Eintritt (une ~)						
						frz.: zwischen					A2_fr2-28

Lösung

	T	A	A	C	
T	E	R	M	I	N
A	R	G	E	N	T
A	M	E	N	E	R
C	I	N	E	M	A
	N	T	R	A	

	H			P		O	Z		P		
V	O	I	L	A		N	U	M	E	R	O
	S			N	E	Z			U	N	E
P	E	T	I	T		E	L	F			L
		O		A	N		I		D	U	
I	C	I		L	O	N	G		O	F	T
	L		W	O		E	N	T	R	E	E
G	E	S	U	N	D		E	N	T	R	E

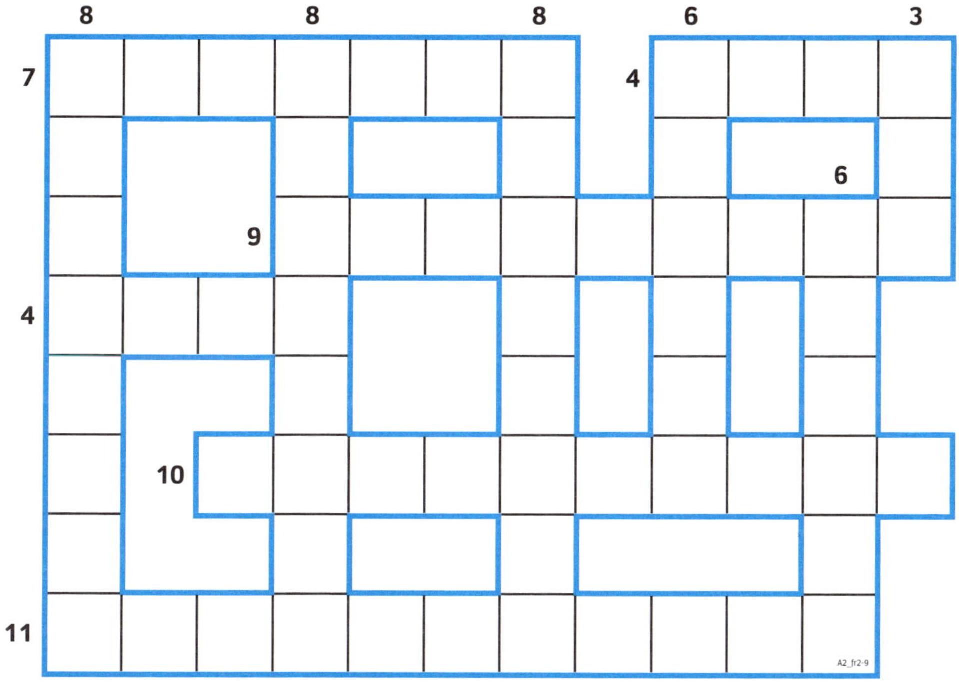

3 Buchstaben:
dt.: un

4 Buchstaben:
frz.: enttäuscht,
frz.: Mutter (la ~)

6 Buchstaben:
frz.: Eintritt (une ~),
frz.: Mitternacht

7 Buchstaben:
frz.: wie viel

8 Buchstaben:
frz.: viel, frz.: fahren, dt.: dix-neuf

9 Buchstaben:
dt.: allumer

10 Buchstaben:
dt.: avant-hier

11 Buchstaben:
dt.: économies (die ~)

Lösung

C	O	M	B	I	E	N		M	E	R	E
O			E			E		I			I
N			A	N	Z	U	E	N	D	E	N
D	E	C	U			N		U		N	
U			C			Z		I		T	
I		V	O	R	G	E	S	T	E	R	N
R			U			H				E	
E	R	S	P	A	R	N	I	S	S	E	

frz.: lohnen		frz.: der		frz.: und	frz.: wollen		frz.: Schreib-tisch (le ~)	dt.: mon		dt.: on	
dt.: vieux				frz.: Aussicht (la ~)				dt.: autobus (der ~)		frz.: Kirche (une ~)	
5			dt.: avant		7		frz.: gut				
frz.: Schlüssel (la ~)		dt.: examen (die ~)						4			dt.: mer (das ~)
				frz.: da			frz.: hier		frz.: Name (le ~)		
frz.: Kinofilm (le ~)		frz.: dir	frz.: Jahr (un ~)	frz.: ja	3	8		dt.: jamais			10
frz.: mit-bringen	frz.: Taxi (le ~)	9				frz.: Sache (la ~)	1	2			
					6	dt.: toujours					A2_fr2-50

pédaler dans la

1	2	3	4	5	6	7	8	9	10

Lösung

■	V	■	E	■	■	B	■	■	M	■	M
■	A	L	T	■	V	U	E	■	E	■	A
C	L	E	■	V	O	R	■	B	I	E	N
■	O	■	P	R	U	E	F	U	N	G	■
F	I	L	M	■	L	A	■	S	■	L	M
■	R	■	■	■	O	U	I	■	N	I	E
■	■	T	A	X	I	■	C	H	O	S	E
A	M	E	N	E	R	■	I	M	M	E	R

pédaler dans la choucroute
(auf der Stelle treten)

1 dt.: fatigué
2 frz.: genau
3 dt.: cher
4 frz.: Rosé (le ~)
5 dt.: votre
6 frz.: Straße (la ~)
7 dt.: glace (das ~)
8 frz.: wenn
9 frz.: er

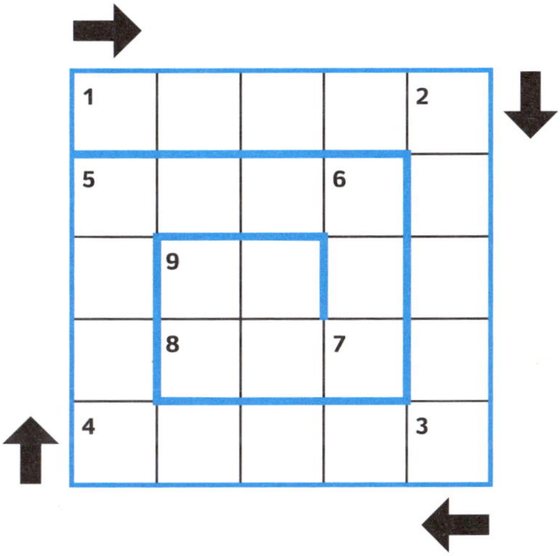

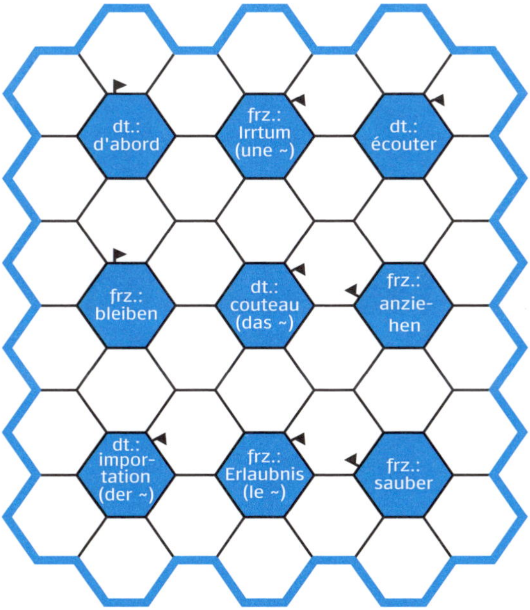

Lösung

M	U	E	D	E
E	U	E	R	X
S	I	L	U	A
O	S	I	E	C
R	E	U	E	T

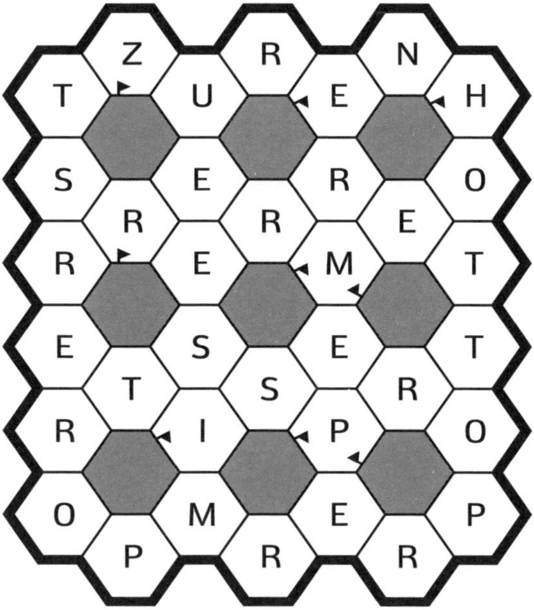

1 frz.: letzter

2 frz.: auch nicht (2 W.)

3 frz.: Juli

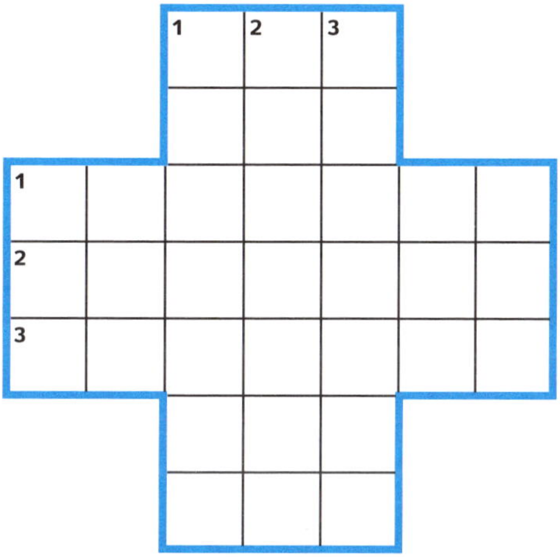

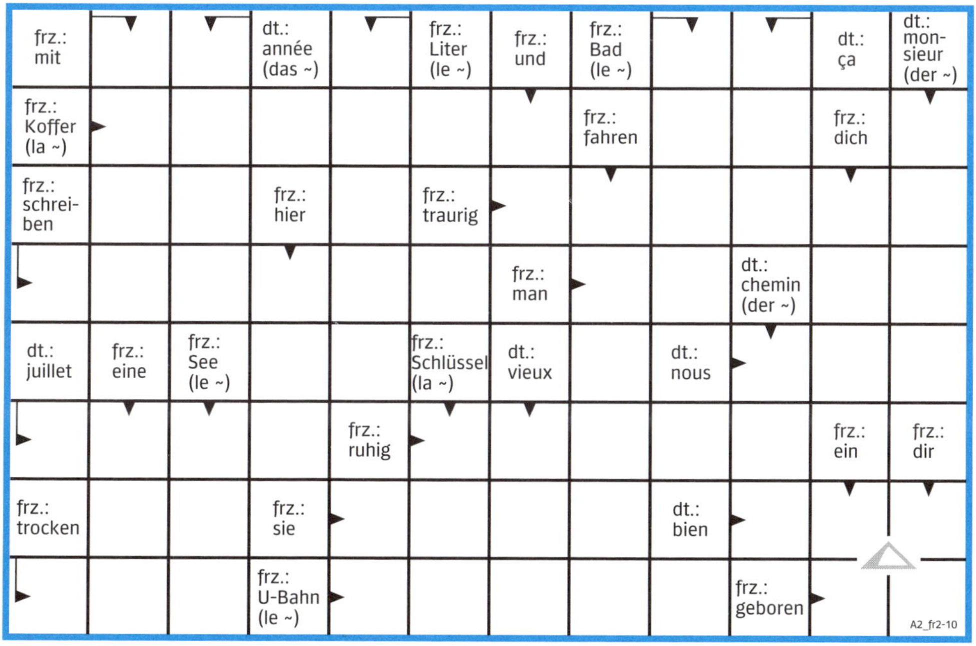

Lösung

		D	N	J		
		E	O	U		
D	E	R	N	I	E	R
N	O	N	P	L	U	S
J	U	I	L	L	E	T
		E	U	E		
		R	S	T		

	A	J		L				B	D		
	V	A	L	I	S	E		A	A		H
	E	H		T		T	R	I	S	T	E
E	C	R	I	R	E		O	N		O	R
			C	E			U		W	I	R
J	U	L	I		C	A	L	M	E		
	N	A		E	L	L	E		G	U	T
S	E	C		M	E	T	R	O		N	E

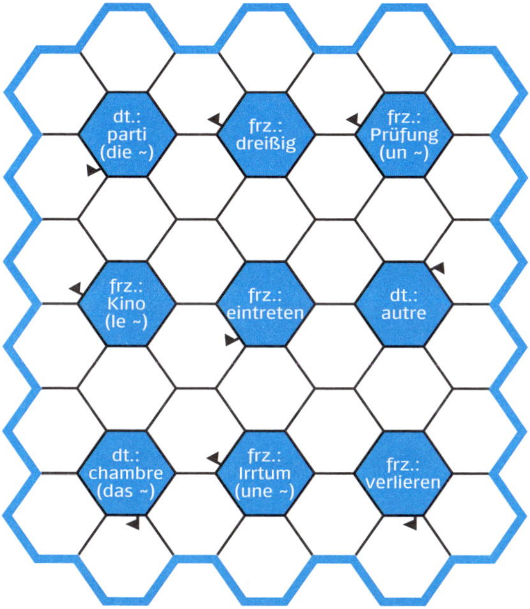

1 frz.: links
2 frz.: Prüfung (un ~)
3 dt.: numéro (die ~)
4 frz.: Illustrierte (la ~)
5 frz.: Stock (un ~)
6 frz.: sie
7 frz.: gleich
8 frz.: See (le ~)
9 frz.: Schlüssel (la ~)
10 dt.: œuf (das ~)
11 frz.: er

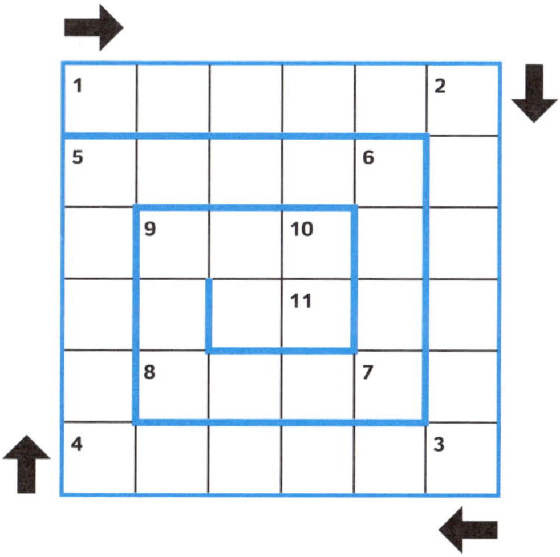

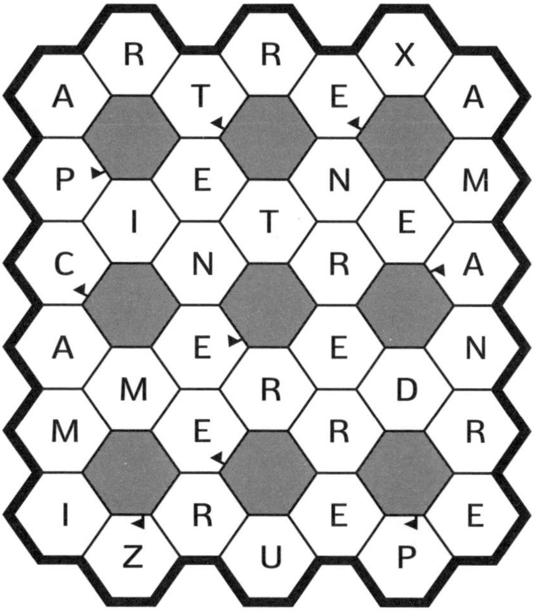

G	A	U	C	H	E
E	T	A	G	E	X
U	C	L	E	L	A
V	A	L	I	L	M
E	L	A	G	E	E
R	E	M	M	U	N

Rätselspaß

1 frz.: wegfahren

2 frz.: Geld (l' ~)

3 dt.: impôt (die ~)

4 frz.: Kino (le ~)

	1	2	3	4	
1					
2					
3					
4					

dt.: octo-bre	frz.: Sommer (un ~)		dt.: est (der ~)	frz.: das			dt.: ami (der ~)		frz.: Wald (la ~)	frz.: Osten (l' ~)	dt.: neuf
							dt.: en haut				
frz.: tut mir Leid							frz.: Rosé (le ~)				
dt.: tout	dt.: vide	frz.: lesen		dt.: depuis			dt.: votre		frz.: du		
					dt.: gentil					dt.: vieux	dt.: lac (der ~)
dt.: une					dt.: tu			frz.: niedrig			
frz.: dreißig			dt.: à			frz.: und			frz.: der		
						frz.: Straße (la ~)					A2_fr2-29

	P	A	S	C	
P	A	R	T	I	R
A	R	G	E	N	T
S	T	E	U	E	R
C	I	N	E	M	A
	R	T	R	A	

		E			C	F		F			
O	K	T	O	B	E	R		O	B	E	N
	D	E	S	O	L	E		R	O	S	E
			T		A	U		E		T	U
A	L	L	E	S		N	E	T	T		
	E	I	N	E		D	U		B	A	S
	E	R		I	N		E	T		L	E
T	R	E	N	T	E		R	O	U	T	E

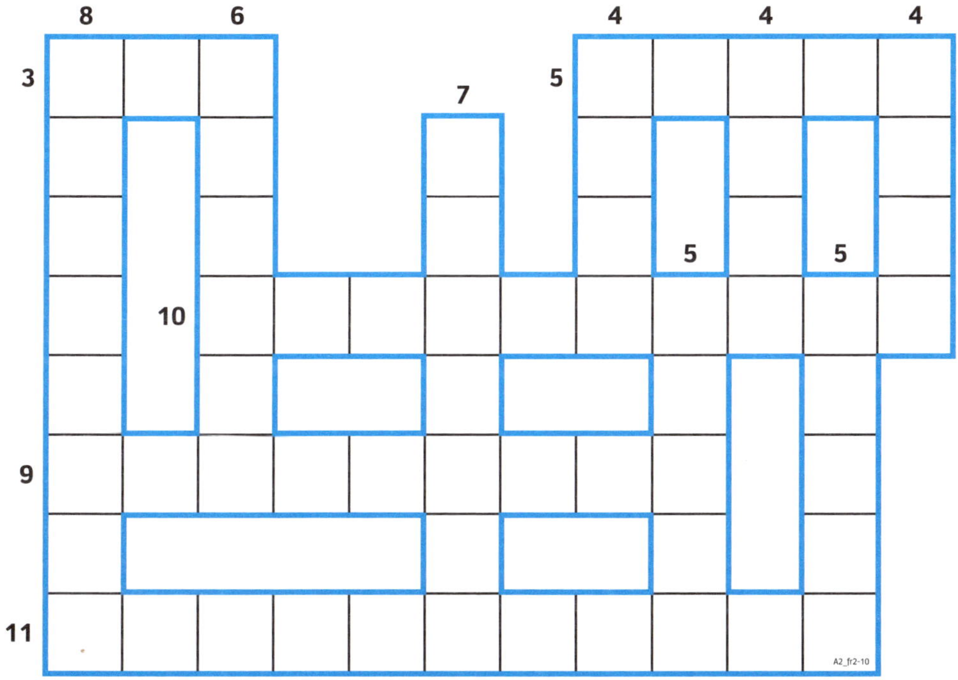

3 Buchstaben:
dt.: comme

4 Buchstaben:
dt.: lit (das ~), frz.: lang, frz.: schwarz

5 Buchstaben:
frz.: Flugzeug (l' ~), dt.: brume (der ~), frz.: Schwester (la ~)

6 Buchstaben:
frz.: Studium (les ~)

7 Buchstaben:
frz.: während

8 Buchstaben:
dt.: jours ouvrables (die ~)

9 Buchstaben:
frz.: Versicherung (une ~)

10 Buchstaben:
dt.: jeudi (der ~)

11 Buchstaben:
dt.: exporter

Lösung

W	I	E					N	E	B	E	L
E		T			P		O		E		O
R		U			E		I		T		N
K		D	O	N	N	E	R	S	T	A	G
T		E			D			O		V	
A	S	S	U	R	A	N	C	E		I	
G					N			U		O	
E	X	P	O	R	T	I	E	R	E	N	

dt.: célibataire		dt.: sur		dt.: ami (der ~)			frz.: weit		frz.: Auge (un ~)	frz.: Fenster (la ~)	dt.: chemin (der ~)
		3		frz.: Rosé (le ~)				2	dt.: ça		
frz.: enttäuscht		dt.: libre					frz.: Idee (une ~)				
frz.: er			dt.: bleu	frz.: ein			dt.: long				
dt.: donner			1			frz.: Wasser (l' ~)	dt.: et	frz.: sich			dt.: lac (der ~)
dt.: mois (der ~)	frz.: man	frz.: geboren		frz.: zwei					frz.: und		
					dt.: autre						
dt.: neuf				frz.: Süden (le ~)				dt.: thé (der ~)			A2_fr2-51

rester le | 1 | 2 | 3 | dans l'eau

Lösung

	L		A		F	L		O			
D	E	C	U		R	O	S	E		F	W
	D		F	R	E	I		I	D	E	E
	I	L			U	N		L	A	N	G
	G	E	B	E	N				S	E	
			L		D	E	U	X		T	S
M	O	N	A	T		A	N	D	E	R	E
	N	E	U		S	U	D		T	E	E

rester le bec dans l'eau
(in der Luft hängen)

1 frz.: mir
2 frz.: und
3 dt.: journée (der ~)
4 dt.: bien
5 dt.: porte (die ~)
6 dt.: jupe (der ~)
7 dt.: malade
8 dt.: caisse (die ~)
9 dt.: manger

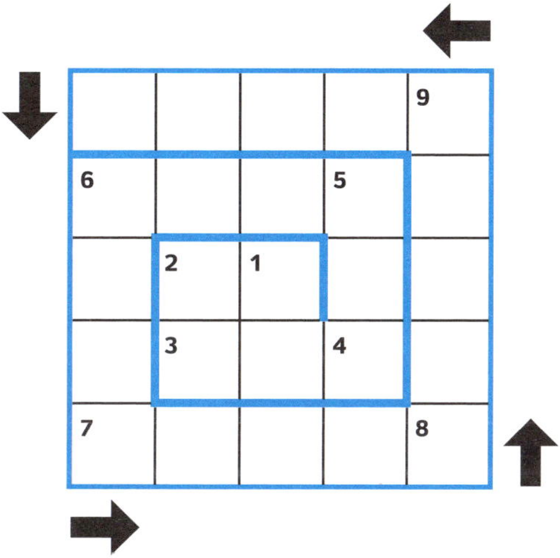

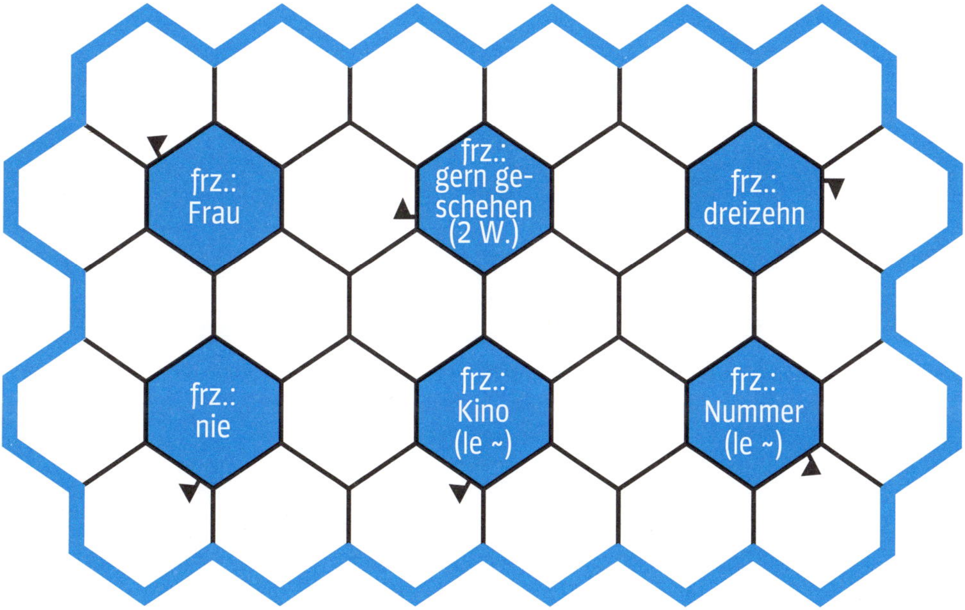

Lösung

N	E	S	S	E
R	E	U	T	S
O	E	M	U	S
C	T	A	G	A
K	R	A	N	K

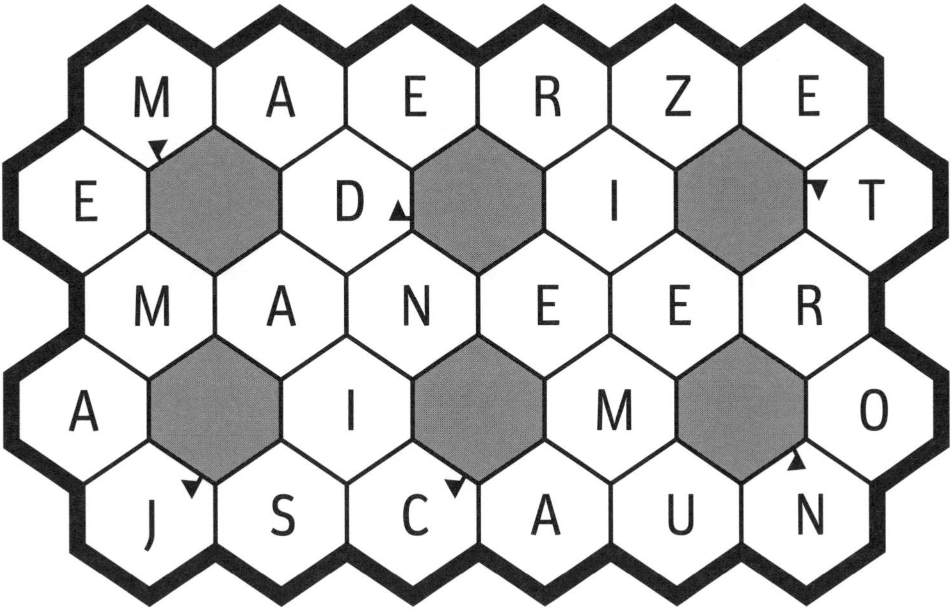

1 frz.: Zeitung (le ~)

2 dt.: circulation (der ~)

3 frz.: Fenster (la ~)

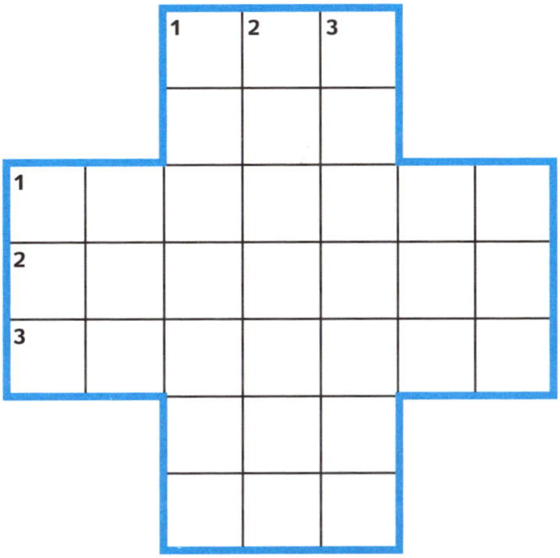

dt.: puisque		dt.: bord (das ~)	dt.: salade (der ~)	frz.: wenn		dt.: me	dt.: où		dt.: et		frz.: Sommer (l' ~)
frz.: auch						frz.: alles					dt.: payer
frz.: Weihnachten	frz.: machen						dt.: un	frz.: Nase (le ~)			
				frz.: Wind (le ~)	dt.: peine (das ~)					dt.: nez (die ~)	
frz.: bravo						dt.: bras (der ~)		dt.: leur	frz.: ich		
dt.: lac (der ~)	dt.: œuf (das ~)	dt.: il			frz.: Tier (un ~)						
			dt.: seulement				dt.: pantalon (die ~)				
dt.: erreur (der ~)							frz.: nichts				A2_fr2-11

Lösung

		J	V	F		
		O	E	E		
J	O	U	R	N	A	L
V	E	R	K	E	H	R
F	E	N	E	T	R	E
		A	H	R		
		L	R	E		

■	D	■	■	■	M	■	■	W	■	E	■
■	A	U	S	S	I	■	T	O	U	T	■
■	■	F	A	I	R	E	■	■	N	E	Z
N	O	E	L	■	■	L	E	I	D	■	A
■	B	R	A	V	O	■	I	■	■	N	H
■	■	■	T	E	■	A	N	I	M	A	L
S	E	E	■	N	U	R	■	H	O	S	E
■	I	R	R	T	U	M	■	R	I	E	N

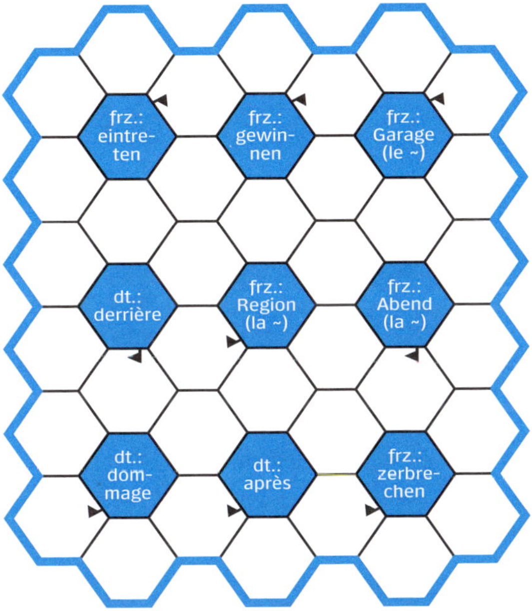

1 frz.: Jahr (un ~)
2 frz.: geboren
3 frz.: Sommer (l' ~)
4 frz.: Wasser (l' ~)
5 dt.: bord (das ~)
6 frz.: Rosé (le ~)
7 dt.: manger
8 frz.: unser
9 frz.: Kirche (une ~)
10 frz.: oben (2 W.)
11 frz.: Tomate (la ~)

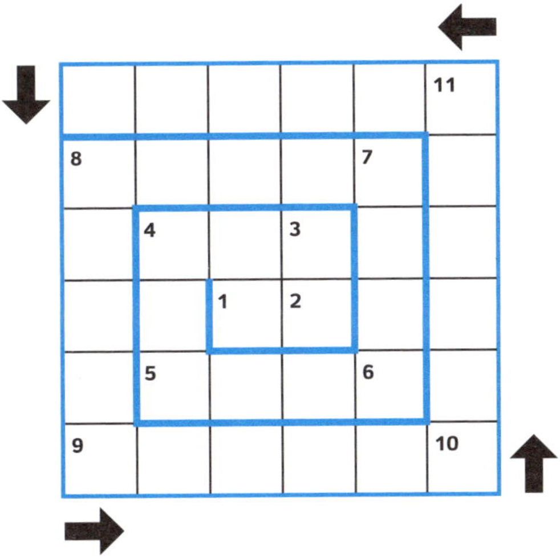

Lösung

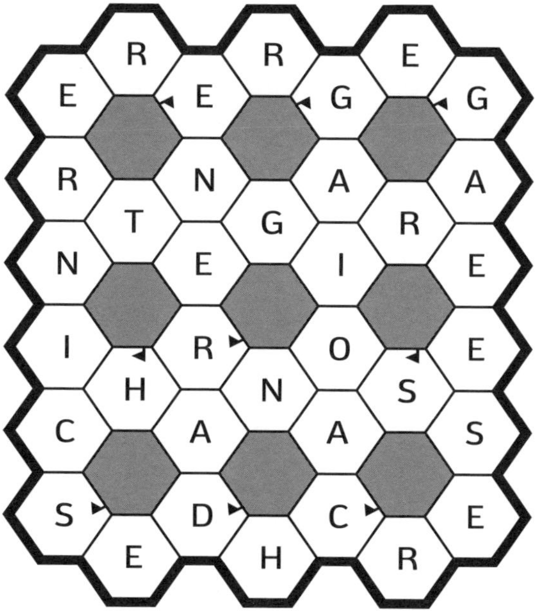

E	T	A	M	O	T
N	E	S	S	E	U
O	E	T	E	S	A
T	A	A	N	O	H
R	U	F	E	R	N
E	G	L	I	S	E

Rätselspaß

1 frz.: Verspätung (le ~)

2 dt.: impôt (die ~)

3 frz.: links

4 dt.: tourner

	1	2	3	4	
1					
2					
3					
4					

dt.: pull (der ~)			dt.: huile (das ~)	dt.: avec		dt.: on	frz.: August	frz.: Leute (les ~)		frz.: Gas (le ~)	
dt.: seul			frz.: krank							frz.: Studium (les ~)	
						dt.: par		frz.: Nase (le ~)			
frz.: Weih-nachten		dt.: un	dt.: peine (das ~)		dt.: soif (der ~)						frz.: Nacht (la ~)
				dt.: bien				dt.: chez	frz.: ein		
frz.: Leben (la ~)				dt.: il			frz.: der		dt.: tu		
					frz.: Schlüssel (la ~)				dt.: œuf (das ~)		
frz.: fest-halten		dt.: c'est-à-dire (2 W.)									A2_fr2-30

Lösung

	R	S	G	D	
R	E	T	A	R	D
S	T	E	U	E	R
G	A	U	C	H	E
D	R	E	H	E	N
	D	R	E	N	

■	P	O	■	■	M	■	■	■	G	■	G
■	U	E	■	M	A	L	A	D	E	■	A
A	L	L	E	I	N	■	O	■	N	E	Z
■	L	■	■	T	■	D	U	R	S	T	■
N	O	E	L	■	G	U	T	■	■	U	N
■	V	I	E	■	E	R	■	B	■	D	U
T	E	N	I	R	■	C	L	E	■	E	I
■	R	■	D	A	S	H	E	I	S	S	T

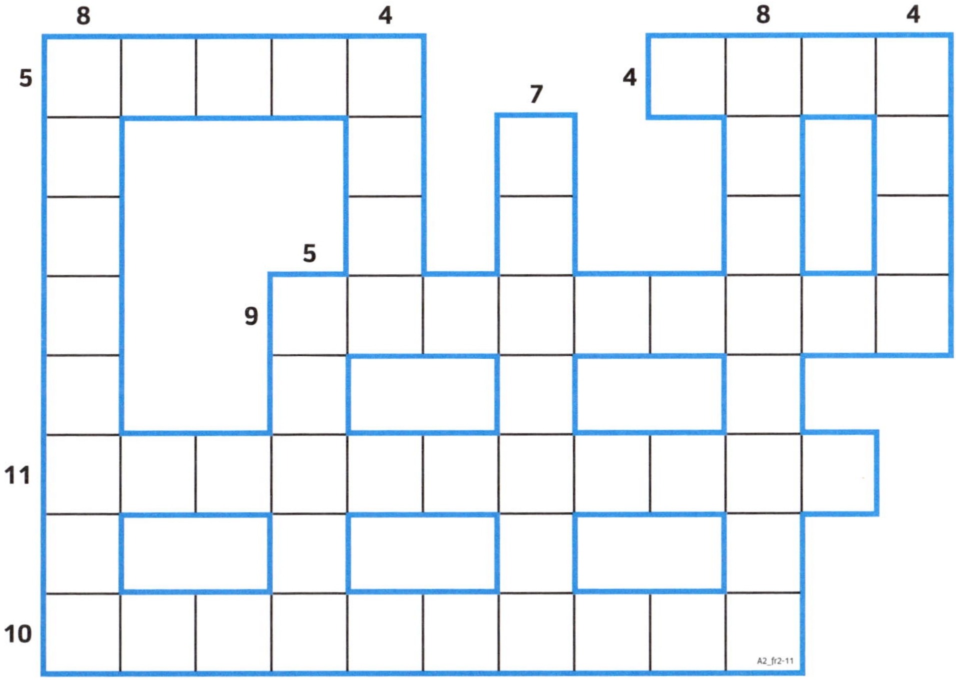

4 Buchstaben:
dt.: année (das ~),
frz.: für,
frz.: Rosé (le ~)

5 Buchstaben:
frz.: Feld (le ~),
frz.: Foto (la ~)

7 Buchstaben:
frz.: Woche (la ~)

8 Buchstaben:
dt.: pharmacie
(die ~), frz.: fahren

9 Buchstaben:
frz.: versprechen

10 Buchstaben:
frz.: Euroscheck
(un ~)

11 Buchstaben:
dt.: importer

Lösung

C	H	A	M	P				J	A	H	R
O				O		S			P		O
N				U		E			O		S
D			P	R	O	M	E	T	T	R	E
U			H			A			H		
I	M	P	O	R	T	I	E	R	E	N	
R			T			N			K		
E	U	R	O	C	H	E	Q	U	E		

Rätselspaß

frz.: Freund (un ~)			frz.: reich	frz.: expor-tieren		dt.: que			frz.: Bett (le ~)	frz.: Osten (l' ~)	frz.: nichts
frz.: besser						frz.: helfen		2			
4				dt.: poste (die ~)	1				frz.: wenn		
dt.: toi	frz.: aber		dt.: où			dt.: une		frz.: Feuer (le ~)	frz.: ein		
frz.: Meer (la ~)		3		frz.: Alter (un ~)			dt.: on			frz.: dein	
frz.: sechs		frz.: Gebäude (le ~)									frz.: geboren
			dt.: exact						frz.: man		
dt.: déranger	5							frz.: eine			A2_fr2-52

ne pas mettre les deux | 1 | 2 | 3 | 4 | 5 | dans le même sabot

Lösung

■	A	R	■	■	E	■	D	L	■	■	■
■	M	I	E	U	X	■	A	I	D	E	R
D	I	C	H	■	P	O	S	T	■	S	I
■	■	H	■	W	O	■	S	■	■	T	E
■	M	E	R	■	R	E	■	F	U	■	N
■	A	■	B	A	T	I	M	E	N	T	■
S	I	X	■	G	E	N	A	U	■	O	N
■	S	T	O	E	R	E	N	■	U	N	E

ne pas mettre les deux pieds dans le même sabot
(sich nicht unterbuttern lassen)

1 frz.: mir
2 dt.: œuf (das ~)
3 frz.: hier
4 dt.: leur
5 frz.: nichts
6 frz.: schwarz
7 dt.: voyage (die ~)
8 frz.: genau
9 frz.: Zeit (le ~)

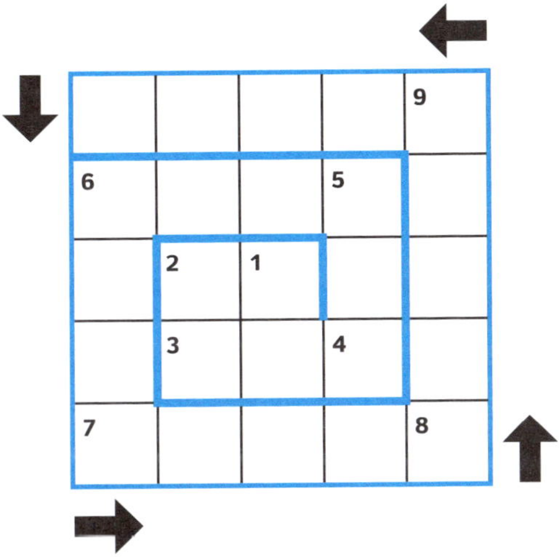

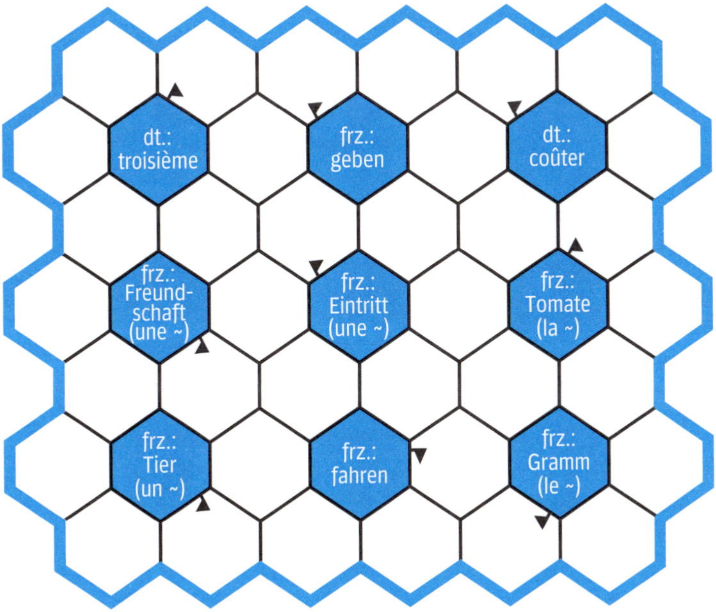

Lösung

S	P	M	E	T
N	E	I	R	C
O	E	M	H	A
I	I	C	I	X
R	E	I	S	E

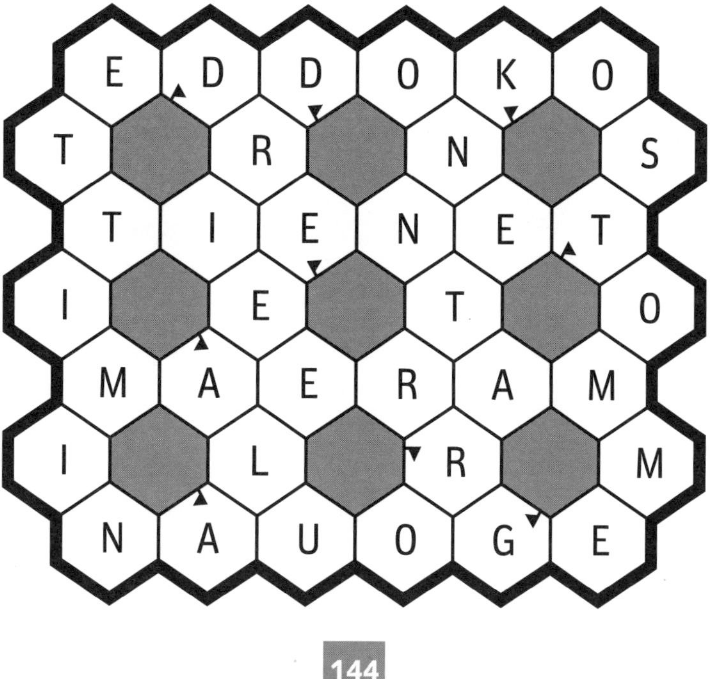

1 frz.: Schalter (le ~)

2 dt.: important

3 dt.: quatre-vingts

			1	2 W	3	
				I		
1				C		
2 W	I	C	H	T	I	G
3				T		
				I		
				G		

frz.: neu	dt.: apparence (das ~)		frz.: sehen	dt.: bain (das ~)	B		frz.: Nacht (la ~)	frz.: teuer	dt.: souvent	O	dt.: une
N	O	U	V	E	A	U	frz.: Kaffee (le ~)	C	A	F	E
A	L	S	O	dt.: toi	D	I	C	H	frz.: Bein (la ~)	T	I
dt.: alors	dt.: elle	S	I	E	frz.: wer		dt.: gris			frz.: gegen	N
dt.: moi	dt.: il	E	R	dt.: thé (der ~)	Q	frz.: schlimm					E
I	C	H	dt.: porte (die ~)		U			frz.: mir	M	E	frz.: und
			dt.: œuf (das ~)		I	frz.: Baum (un ~)	A	R	B	R	E
frz.: Alter (un ~)	dt.: jamais				frz.: oder	O	U	frz.: Osten (l' ~)			T A2_fr2-12

Lösung

		G	W	A		
		U	I	C		
G	U	I	C	H	E	T
W	I	C	H	T	I	G
A	C	H	T	Z	I	G
		E	I	I		
		T	G	G		

■	■	A	■	■	B	N	■	■	■	O	■
N	O	U	V	E	A	U	■	C	A	F	E
A	L	S	O	■	D	I	C	H	■	T	I
■	■	S	I	E	■	T	■	E	J	■	N
■	■	E	R	■	Q	■	G	R	A	V	E
I	C	H	■	T	U	E	R	■	M	E	■
A	G	E	■	E	I	■	A	R	B	R	E
■	■	N	I	E	■	O	U	■	E	S	T

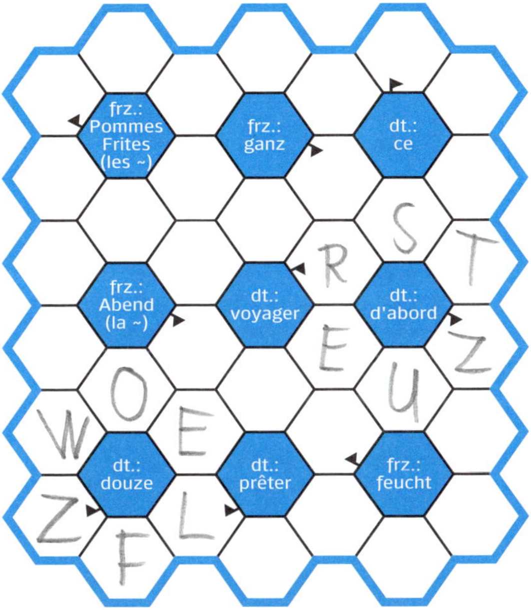

1 frz.: man
2 frz.: geboren
3 frz.: Osten (l' ~)
4 frz.: dein
5 dt.: nez (die ~)
6 frz.: sein
7 frz.: genau
8 frz.: Zug (le ~)
9 dt.: rien
10 frz.: ausgehen
11 frz.: Region (la ~)

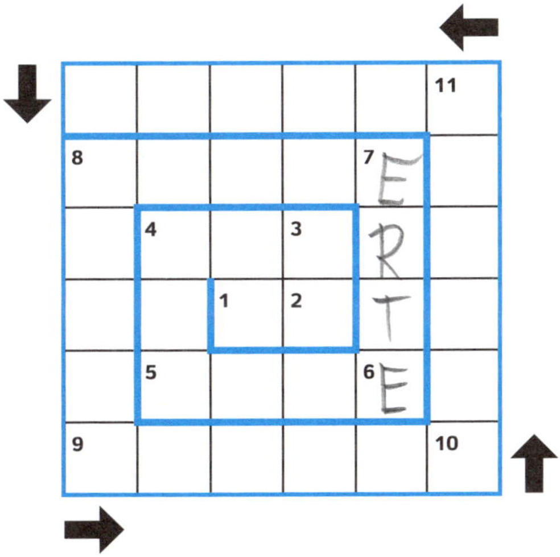

Lösung

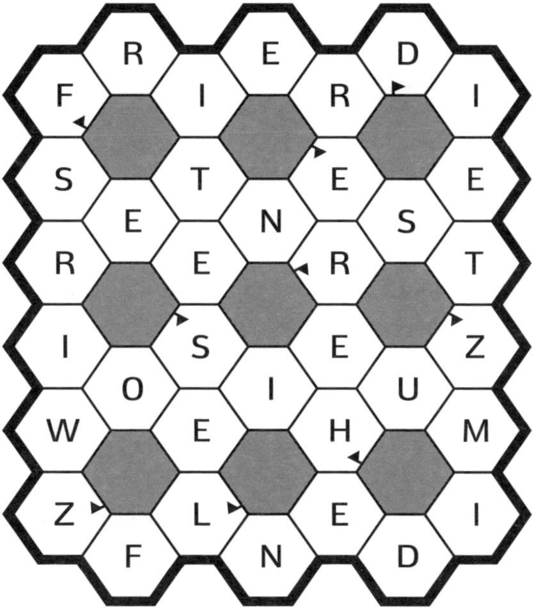

N	O	I	G	E	R
T	C	A	X	E	I
R	T	S	E	R	T
A	O	O	N	T	R
I	N	A	S	E	O
N	I	C	H	T	S

1 frz.: fahren

2 frz.: so viel

3 dt.: classe (die ~)

4 frz.: denken

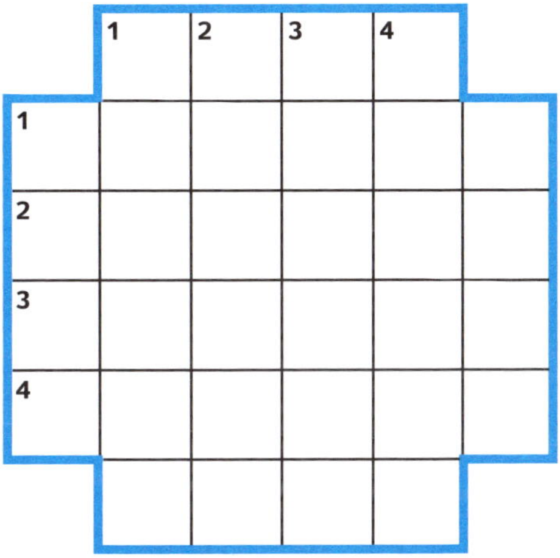

frz.: Brief (la ~)	frz.: Sommer (un ~)		frz.: du	frz.: Mahlzeit (le ~)		frz.: null	dt.: vieux	frz.: geboren	frz.: neun	N	frz.: Osten (l' ~)
						frz.: Jahr (une ~)				E	
						frz.: wenn			frz.: ja	U	
dt.: impôt (die ~)	frz.: Milch (le ~)	dt.: leur	dt.: poste (die ~)					dt.: souvent	O	F	
					frz.: Wasser (l' ~)		frz.: Salz (le ~)	dt.: il	U	frz.: Feuer (le ~)	dt.: glace (das ~)
dt.: climat (das ~)			frz.: sich			dt.: savon (die ~)			I		
				dt.: mais					dt.: œuf (das ~)		
frz.: lesen		dt.: chaise (der ~)						dt.: autobus (der ~)			A2_fr2-31

Lösung

	R	A	K	P	
R	O	U	L	E	R
A	U	T	A	N	T
K	L	A	S	S	E
P	E	N	S	E	R
	R	T	E	R	

		E			Z					N	
L	E	T	T	R	E		A	N	N	E	E
S	T	E	U	E	R		L	E		U	S
				P	O	S	T		O	F	T
K	L	I	M	A		I			U		
	A	H		S	E		S	E	I	F	E
L	I	R	E		A	B	E	R		E	I
	T		S	T	U	H	L		B	U	S

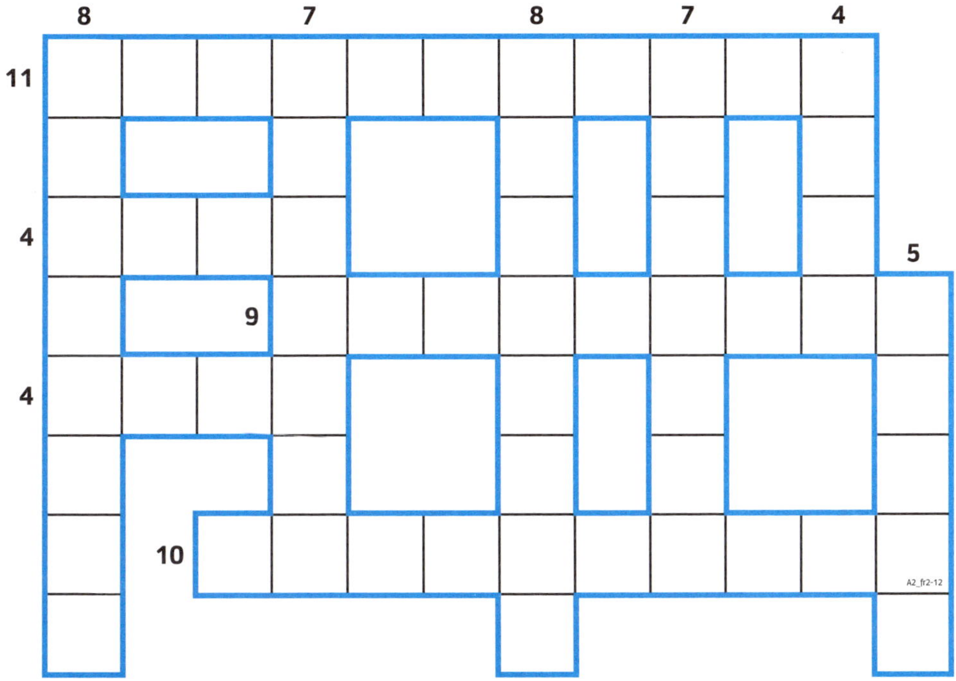

4 Buchstaben:
dt.: long,
dt.: neuf,
frz.: Note (la ~)

5 Buchstaben:
dt.: cher

7 Buchstaben:
frz.: Arzt (le ~),
dt.: monter

8 Buchstaben:
dt.: influence
(der ~),
frz.: europäisch

9 Buchstaben:
frz.: wichtig

10 Buchstaben:
frz.: Unternehmen
(une ~)

11 Buchstaben:
dt.: décider

Lösung

E	N	T	S	C	H	E	I	D	E	N	
I			T			U		O		E	
N	O	T	E			R		C		U	
F			I	M	P	O	R	T	A	N	T
L	A	N	G			P		E			E
U			E			E		U			U
S		E	N	T	R	E	P	R	I	S	E
S						N					R

dt.: mais		frz.: gleich		frz.: man	frz.: Zahnarzt (le ~)			dt.: chaque	dt.: semaine (die ~)		frz.: Weih-nachten
				dt.: thé (der ~)				dt.: où		9	dt.: ap-prendre
dt.: en haut		7	frz.: kommen	dt.: et		8		dt.: huile (das ~)			
		3			frz.: du			frz.: Schlüssel (la ~)			
frz.: bravo	frz.: Süden (le ~)			dt.: table (der ~)		6			2	frz.: hier	
dt.: musique (die ~)		frz.: wir	10				frz.: oder	dt.: un			
4					frz.: dich				frz.: dieser	1	
frz.: hart				frz.: wenig	5			frz.: Wein (le ~)			A2_fr2-53

appuyer sur le

1	2	3	4	5	6	7	8	9	10

Lösung

■	A	■	O	■	■	D	J	■	■	N	■
O	B	E	N	■	T	E	E	■	W	O	■
■	E	G	■	■	U	N	D	■	O	E	L
B	R	A	V	O	■	T	E	■	C	L	E
■	■	L	E	■	T	I	S	C	H	■	R
■	S	■	N	O	U	S	■	■	E	I	N
M	U	S	I	K	■	T	O	I	■	C	E
■	D	U	R	■	P	E	U	■	V	I	N

appuyer sur le champignon
(auf die Tube drücken)

1 dt.: comme
2 frz.: Jahr (un ~)
3 dt.: seulement
4 frz.: Straße (la ~)
5 frz.: sein
6 dt.: une
7 frz.: Schule (une ~)
8 frz.: zwischen
9 frz.: genau

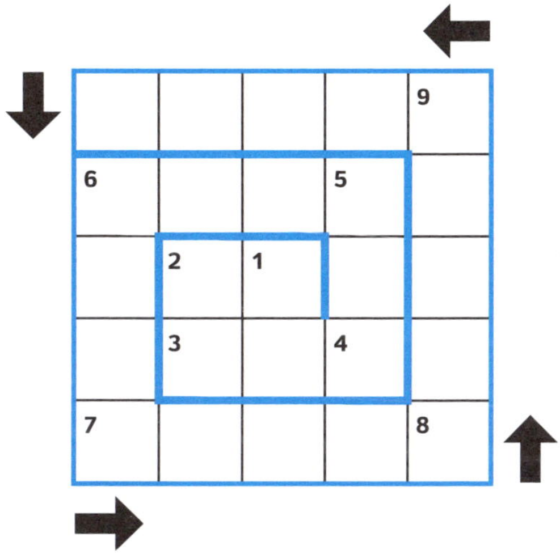

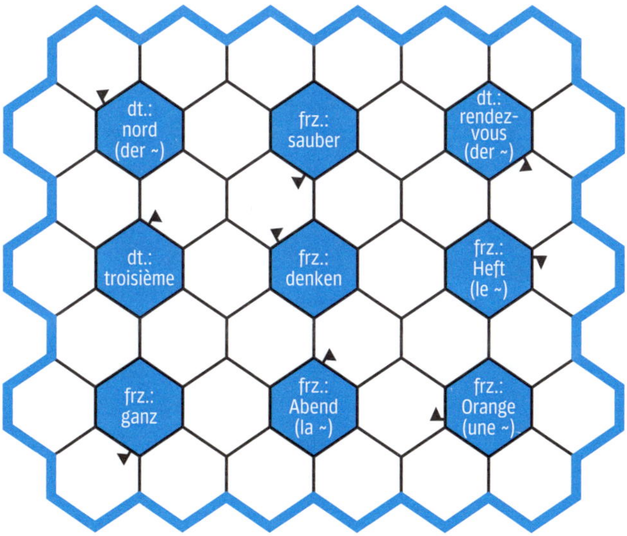

T	C	A	X	E
E	R	T	E	R
I	A	D	U	T
N	N	U	R	N
E	C	O	L	E

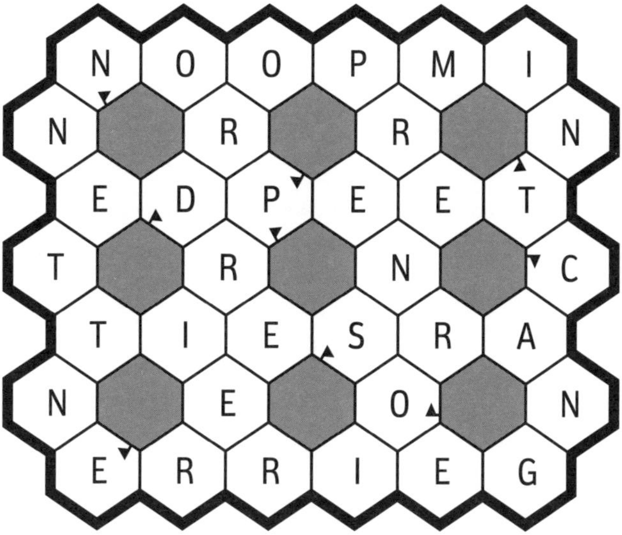

Französisch *ganz leicht*

Rätselspaß

1 frz.: Gehalt (le ~)

2 frz.: wechseln

3 frz.: bluten

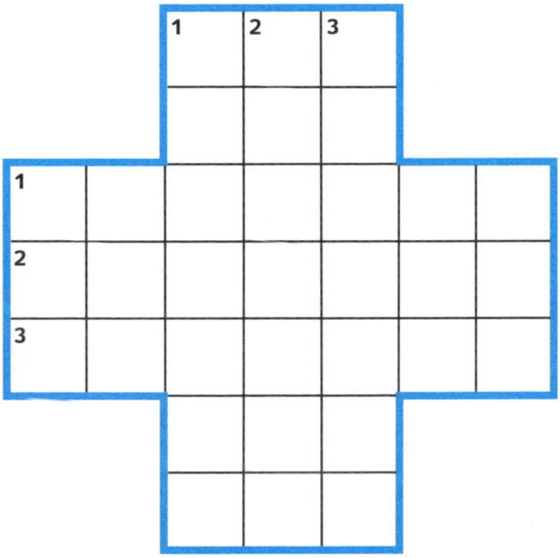

frz.: Glück (la ~)		frz.: Tee (le ~)	frz.: Name (le ~)	frz.: Sache (la ~)		dt.: si	frz.: Bruder (le ~)	frz.: durch		dt.: zéro	frz.: sicher
						frz.: Franc (le ~)					
								frz.: Straße (la ~)			
dt.: habitant (der ~)	frz.: Weihnachten	frz.: mein				frz.: und			frz.: Luft (l' ~)		
frz.: geboren			dt.: rouge		frz.: hier	frz.: Salz (le ~)		dt.: vieux			
frz.: Fahrrad (le ~)		dt.: voyage (die ~)						dt.: comme		dt.: œuf (das ~)	
				frz.: dieser			dt.: trois				
frz.: Bett (le ~)				frz.: es gibt (3 W.)					dt.: à		A2_fr2-13

Lösung

		S	C	S		
		A	H	A		
S	A	L	A	I	R	E
C	H	A	N	G	E	R
S	A	I	G	N	E	R
		R	E	E		
		E	R	R		

	T				W				P		
C	H	A	N	C	E		F	R	A	N	C
B	E	W	O	H	N	E	R		R	U	E
			M	O	N		E	T		L	R
	N	E		S			R		A	L	T
	O		R	E	I	S	E		I		A
V	E	L	O		C	E		D	R	E	I
	L	I	T		I	L	Y	A		I	N

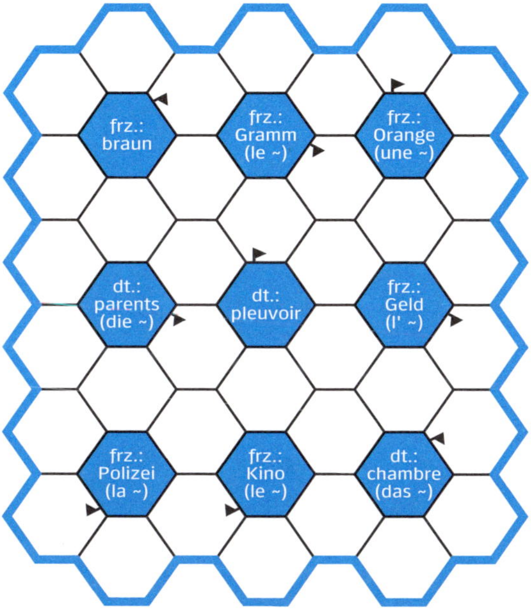

1 frz.: und
2 frz.: du
3 dt.: et
4 frz.: hart
5 frz.: Rosé (le ~)
6 frz.: sein
7 frz.: genau
8 dt.: tabac (der ~)
9 dt.: coûter
10 dt.: numéro (die ~)
11 frz.: Verstand (la ~)

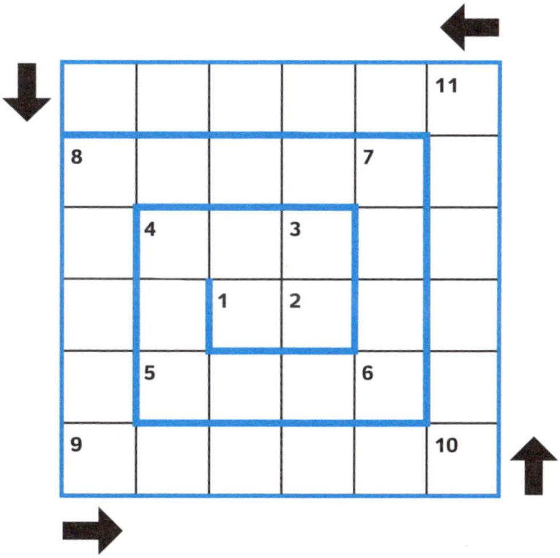

Lösung

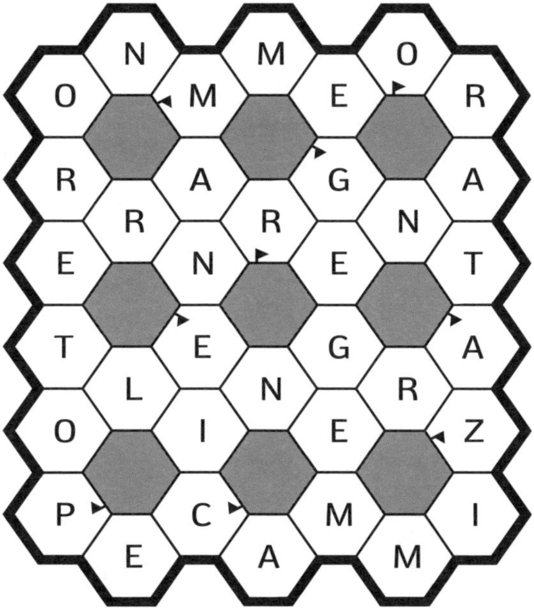

N	O	S	I	A	R
T	C	A	X	E	E
A	D	N	U	R	M
B	U	E	T	T	M
A	R	O	S	E	U
K	O	S	T	E	N

1 frz.: schlafen

2 frz.: Geld (l' ~)

3 frz.: mitbringen

4 frz.: Kino (le ~)

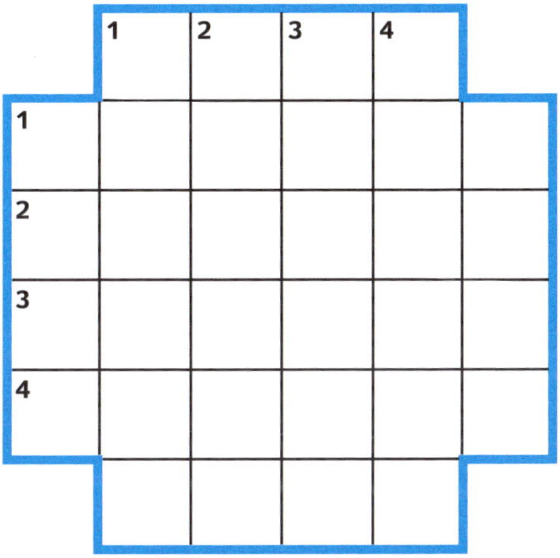

dt.: gris			dt.: si	frz.: Theater (le ~)		frz.: Meer (la ~)	frz.: verheiratet		frz.: hübsch	frz.: Artikel (un ~)	dt.: animal (das ~)
dt.: retraite (die ~)						dt.: mois (der ~)					
frz.: Jahr (un ~)			dt.: cuit			frz.: Kopf (la ~)			dt.: salade (der ~)		
					frz.: traurig						
dt.: garçon (der ~)	dt.: huile (das ~)	frz.: eine			dt.: œuf (das ~)			frz.: Luft (l' ~)			
					frz.: ein			frz.: sich			dt.: il
frz.: kurz			frz.: Straße (la ~)				frz.: schmutzig				
dt.: vivre						dt.: mètre (der ~)					A2_fr2-32

Lösung

	D	A	A	C	
D	O	R	M	I	R
A	R	G	E	N	T
A	M	E	N	E	R
C	I	N	E	M	A
	R	T	R	A	

	G	W			M			J			
	R	E	N	T	E		M	O	N	A	T
	A	N		H	R		A	L		R	I
J	U	N	G	E		T	R	I	S	T	E
			A	A		E	I		A	I	R
C	O	U	R	T		T	E		L	C	
	E	N		R	U	E		S	A	L	E
	L	E	B	E	N		M	E	T	E	R

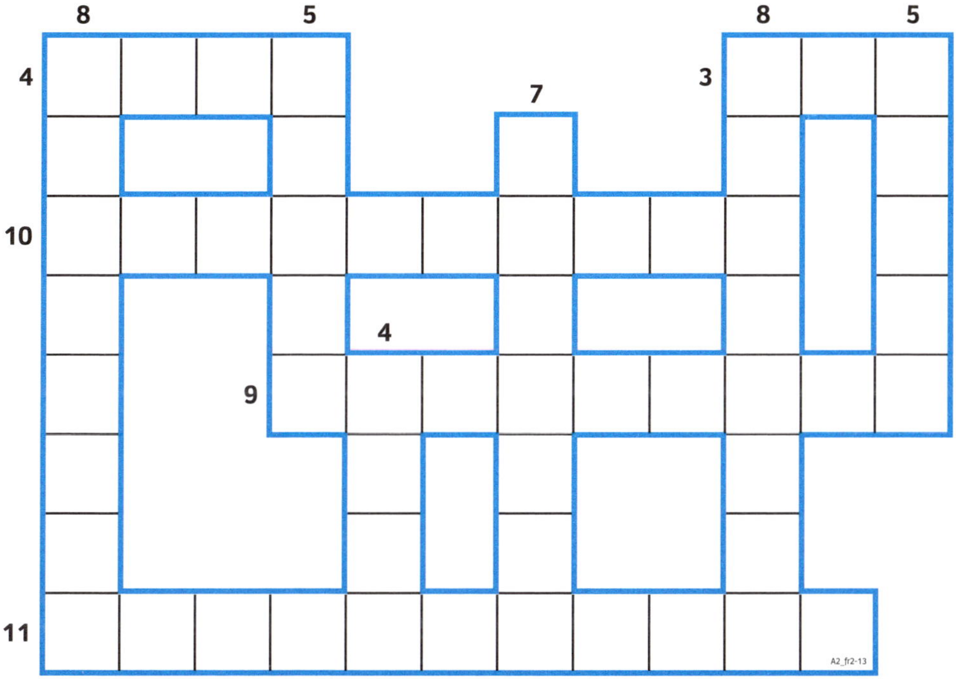

3 Buchstaben:
frz.: See (le ~)

4 Buchstaben:
frz.: Meinung (un ~),
frz.: es gibt (3 W.)

5 Buchstaben:
frz.: hell, dt.: fort

7 Buchstaben:
dt.: né

8 Buchstaben:
frz.: angenehm,
frz.: Brille (les ~)

9 Buchstaben:
dt.: kilomètre
(der ~)

10 Buchstaben:
dt.: réparer

11 Buchstaben:
dt.: économies
(die ~)

Lösung

A	V	I	S						L	A	C
G			T			G			U		L
R	E	P	A	R	I	E	R	E	N		A
E			R			B			E		I
A			K	I	L	O	M	E	T	E	R
B				L		R			T		
L				Y		E			E		
E	R	S	P	A	R	N	I	S	S	E	

dt.: parti (die ~)		dt.: père (der ~)	frz.: Zeit (le ~)	dt.: inviter		frz.: Tisch (la ~)		frz.: der		dt.: plein	frz.: sich
			3			frz.: also			2		6
				dt.: brouil-lard (der ~)			1			dt.: blanc	
frz.: sein		dt.: fois (das ~)				frz.: Aussicht (la ~)		frz.: Kaffee (le ~)			frz.: Kopf (la ~)
				frz.: mit					frz.: Mai		
frz.: zu	dt.: oui	dt.: il		dt.: tu			frz.: Freundin (une ~)				
frz.: braun			dt.: lac (der ~)			5	dt.: presque				4
						dt.: voyage (die ~)					A2_fr2-54

lécher les | 1 | 2 | 3 | 4 | 5 | 6 | à quelqu'un

Lösung

	V				E		T		V		
P	A	R	T	E	I		A	L	O	R	S
E	T	R	E		N	E	B	E	L		E
	E		M	A	L		L		L	W	
T	R	O	P		A	V	E	C		E	T
			S		D	U		A	M	I	E
	J	E		S	E	E		F	A	S	T
M	A	R	R	O	N		R	E	I	S	E

lécher les bottes à quelqu'un
(jemandem schöntun)

1 frz.: der
2 dt.: œuf (das ~)
3 dt.: leur
4 frz.: Straße (la ~)
5 frz.: gleich
6 dt.: peine (das ~)
7 frz.: Abendessen (le ~)
8 frz.: rot
9 frz.: unten (2 W.)

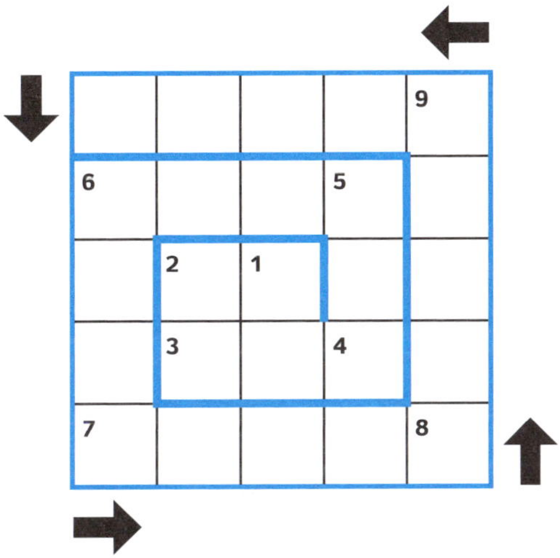

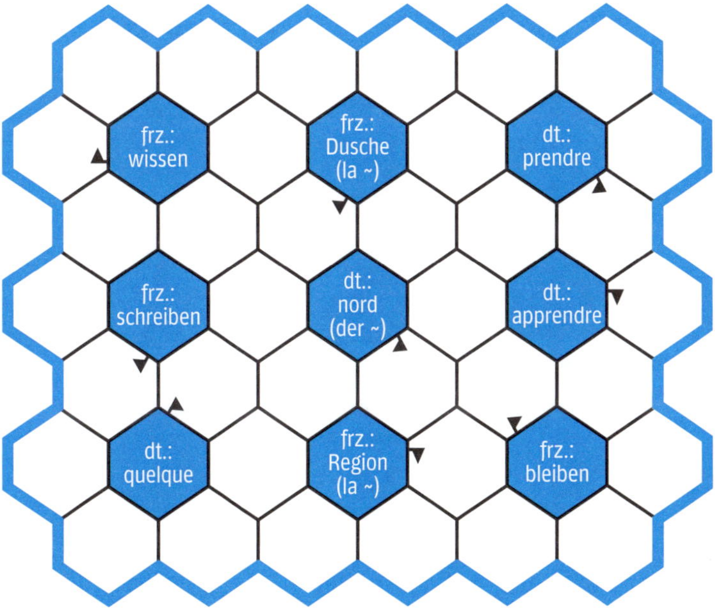

S	A	B	N	E
L	A	G	E	G
E	E	L	U	U
I	I	H	R	O
D	I	N	E	R

1 frz.: wiederholen

2 dt.: soixante-dix

3 dt.: dernier

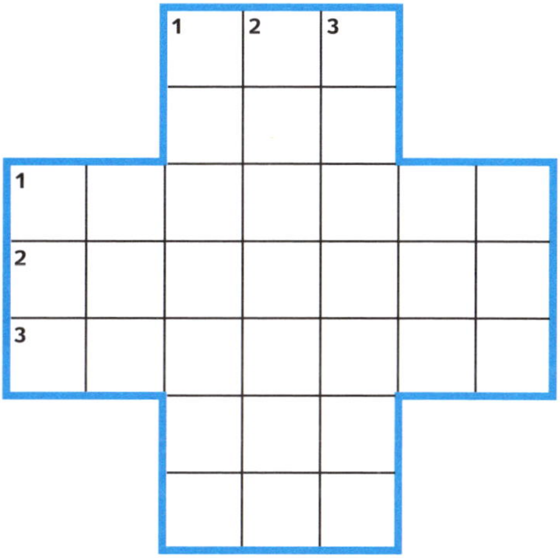

dt.: sous		dt.: couver-ture (die ~)			frz.: sauber	dt.: se	frz.: eine		dt.: thé (der ~)	frz.: Wasser (l' ~)	dt.: jamais
					dt.: sud (der ~)						
dt.: notre		frz.: Freundin (la ~)							dt.: avant		
frz.: bitten		frz.: Idee (une ~)			frz.: dieser			frz.: Aussicht (la ~)			
					dt.: comme		frz.: Alter (un ~)	frz.: wenig		frz.: Sommer (l' ~)	frz.: auf
frz.: gut	frz.: er		frz.: geboren			frz.: danach					
				dt.: œil (das ~)					frz.: du		
dt.: vide					dt.: neuf				dt.: il		A2_fr2-14

Lösung

		R	S	L		
		E	I	E		
R	E	P	E	T	E	R
S	I	E	B	Z	I	G
L	E	T	Z	T	E	R
		E	I	E		
		R	G	R		

■	U	■	D	P	■	■	■	T	■	■	■
U	N	S	E	R	■	S	U	E	D	E	N
■	T	■	C	O	P	I	N	E	■	A	I
■	E	■	K	P	■	C	E	■	V	U	E
P	R	I	E	R	■	H	■	■	O	■	■
■	■	D	■	E	D	■	A	P	R	E	S
B	I	E	N	■	A	U	G	E	■	T	U
■	L	E	E	R	■	N	E	U	■	E	R

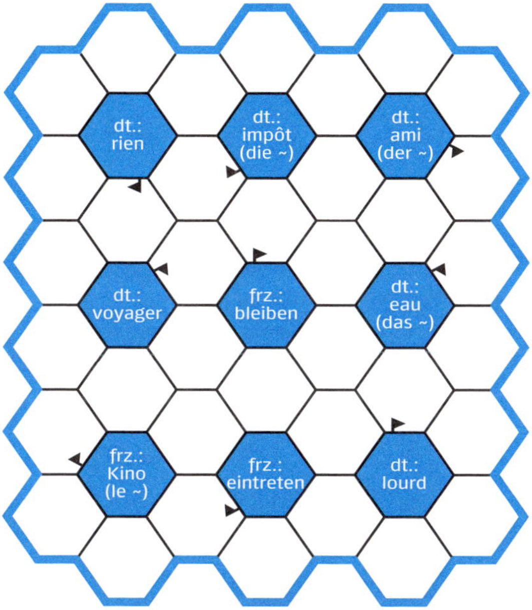

1 frz.: und
2 frz.: dir
3 dt.: un
4 frz.: Name (le ~)
5 dt.: mer (das ~)
6 dt.: jupe (der ~)
7 dt.: carte (die ~)
8 frz.: unten (2 W.)
9 dt.: grève (der ~)
10 dt.: cuisine (die ~)
11 frz.: Eintritt (une ~)

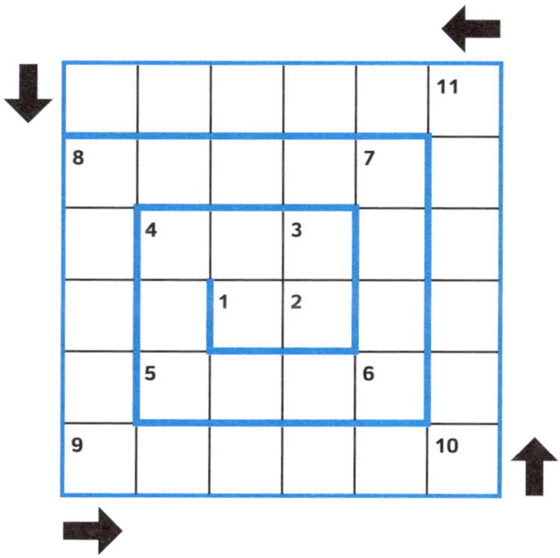

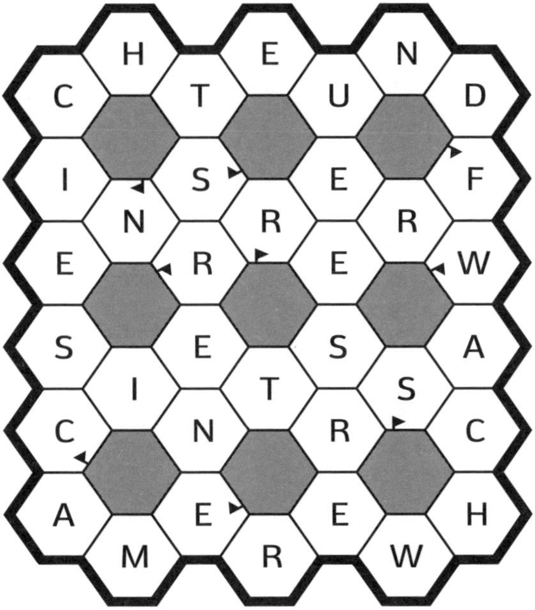

E	E	R	T	N	E
E	T	R	A	K	H
N	N	I	E	C	C
B	O	E	T	O	E
A	M	E	E	R	U
S	T	R	E	I	K

1 frz.: ausmachen

2 frz.: Sendung (une ~)

3 frz.: Herr

4 dt.: servir

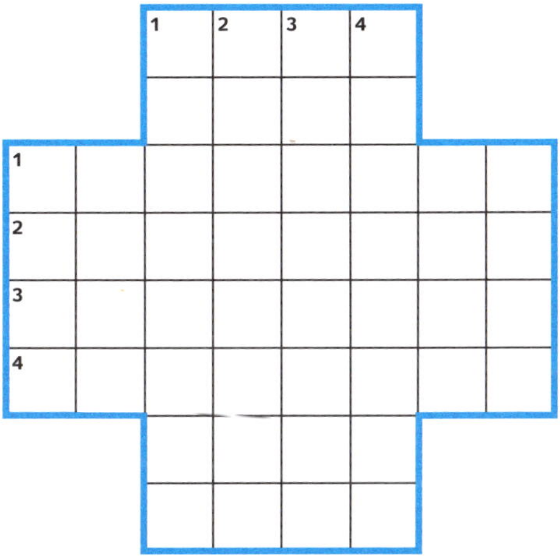

dt.: triste	frz.: Mai		frz.: ein		dt.: libre		frz.: Alter (un ~)		dt.: en haut		frz.: Osten (l' ~)
							dt.: jusqu'à				dt.: voix (die ~)
dt.: une					frz.: breit		frz.: nützlich		dt.: comme		
dt.: sans	dt.: pan-talon (die ~)	dt.: zéro	frz.: er			dt.: et				frz.: Ehe-mann (le ~)	
				dt.: vieux				frz.: Freund (un ~)			
						dt.: à			frz.: Jahr (un ~)		
frz.: kosten			frz.: gleich					dt.: bras (der ~)			
dt.: onze				frz.: Sommer (l' ~)				dt.: jamais			A2_fr2-33

Lösung

		E	E	M	B		
		T	M	O	E		
E	T	E	I	N	D	R	E
E	M	I	S	S	I	O	N
M	O	N	S	I	E	U	R
B	E	D	I	E	N	E	N
		R	O	U	E		
		E	N	R	N		

■	■	M	■	F	■	A	■	O	■	E	■
T	R	A	U	R	I	G	■	B	I	S	■
■	E	I	N	E	■	E	■	E	■	T	S
■	■	■	■	I	L	■	U	N	D	■	T
O	H	N	E	■	A	L	T	■	A	M	I
C	O	U	T	E	R	■	I	N	■	A	M
■	S	L	■	E	G	A	L	■	A	R	M
■	E	L	F	■	E	T	E	■	N	I	E

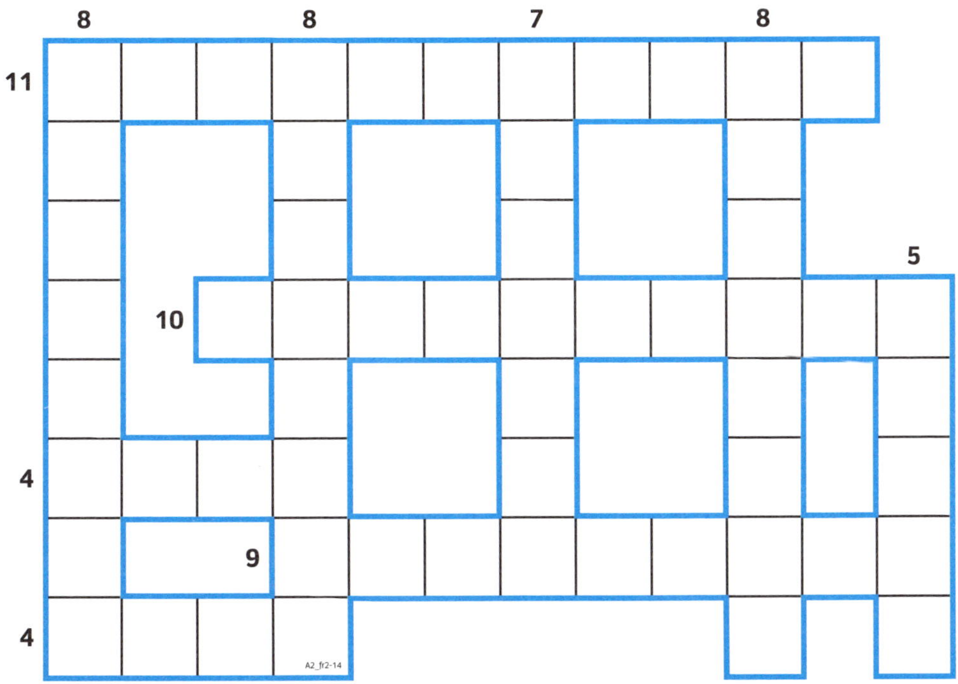

4 Buchstaben:
frz.: bei,
dt.: fils (der ~)

5 Buchstaben:
frz.: Stift (le ~)

7 Buchstaben:
frz.: Benzin (l' ~)

8 Buchstaben:
dt.: occuper,
dt.: rappeler,
frz.: Urlaub (les ~)

9 Buchstaben:
frz.: im Allgemeinen (2 W.)

10 Buchstaben:
dt.: besoin (das ~)

11 Buchstaben:
dt.: préparer

Lösung

V	O	R	B	E	R	E	I	T	E	N	
A			E			S			R		
C			S			S			I		
A		B	E	D	U	E	R	F	N	I	S
N			T			N			N		T
C	H	E	Z			C			E		Y
E			E	N	G	E	N	E	R	A	L
S	O	H	N						N		O

frz.: welches	frz.: schließen			frz.: er		frz.: Auge (un ~)	frz.: sich		dt.: se baigner		frz.: Feuer (le ~)
3		5		dt.: onze		dt.: à côté			1		
			dt.: glace (das ~)		2		dt.: tout	dt.: sur			
frz.: Meer (la ~)	frz.: Milliarde (le ~)									frz.: nichts	frz.: Mutter (la ~)
			dt.: neuf		frz.: auf	dt.: bruit (der ~)					
frz.: eine	frz.: da			frz.: Salz (le ~)				dt.: jamais			
dt.: janvier		frz.: Studium (les ~)							dt.: il		
			4			dt.: soleil (die ~)					A2_fr2-55

être une vieille

1	2	3	4	5

Lösung

■	■	F	I	■	O	■	■	S	■	F	■
Q	U	E	L	■	E	■	N	E	B	E	N
M	E	R	■	E	I	S	■	■	A	U	F
■	■	M	I	L	L	I	A	R	D	■	■
U	N	E	■	F	■	■	L	A	E	R	M
■	■	R	N	■	S	E	L	■	N	I	E
■	L	■	E	T	U	D	E	S	■	E	R
J	A	N	U	A	R	■	S	O	N	N	E

être une vieille bique
(eine alte Ziege sein)

1 frz.: da
2 frz.: Jahr (un ~)
3 frz.: Name (le ~)
4 frz.: Mai
5 frz.: es gibt (3 W.)
6 frz.: mit
7 frz.: Kurs (le ~)
8 dt.: salade (der ~)
9 dt.: tabac (der ~)

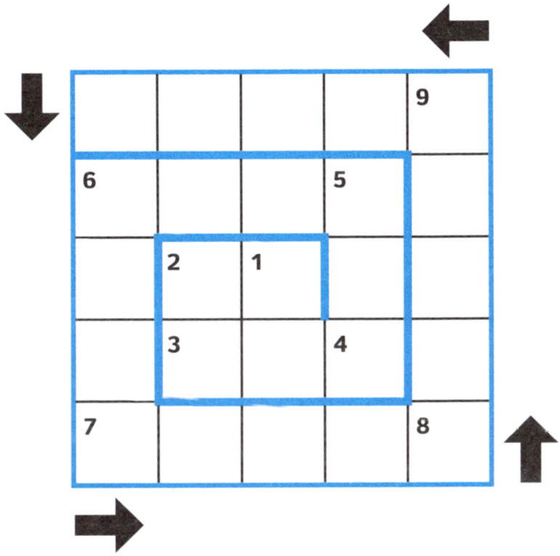

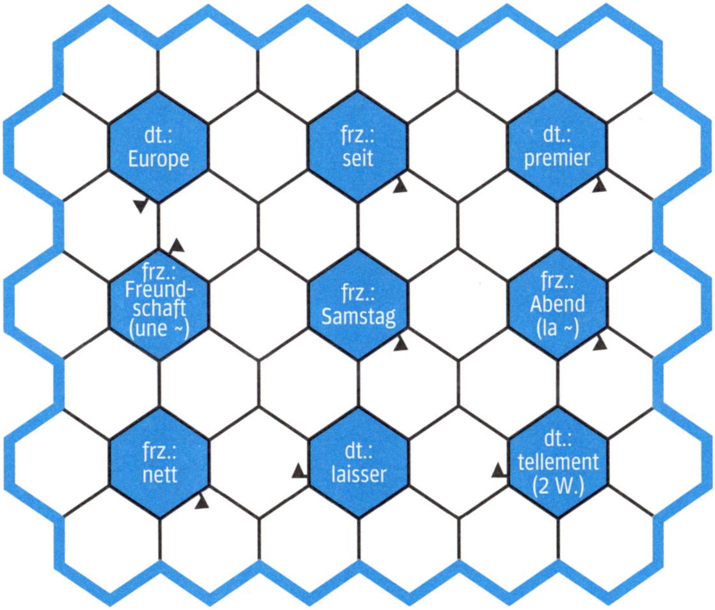

Lösung

K	A	B	A	T
A	Y	L	I	A
V	A	L	A	L
E	N	O	M	A
C	O	U	R	S

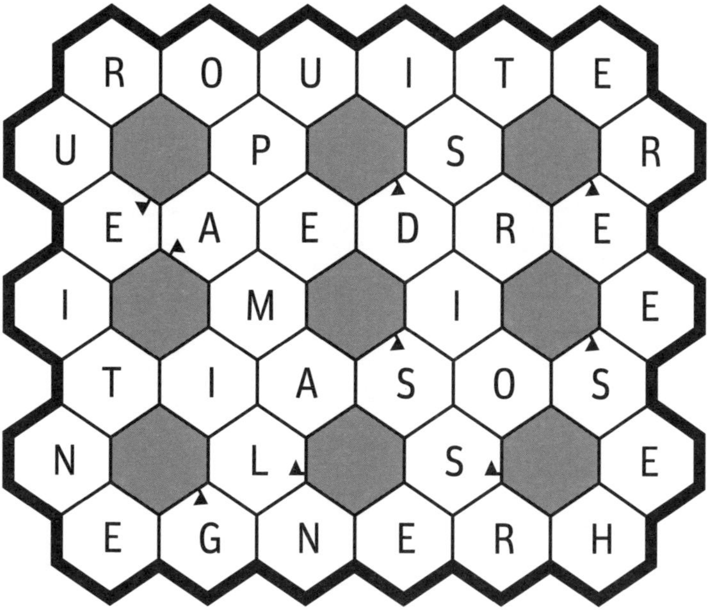

1 dt.: études (das ~)

2 frz.: Arzt (le ~)

3 frz.: Schalter (le ~)

1 2 3

1

2

3

dt.: oui			frz.: unten (2 W.)	frz.: jeder		dt.: chaussure (der ~)		frz.: breit	dt.: vieux	frz.: er	dt.: rouge
						frz.: hell					
dt.: après	dt.: soif (der ~)		dt.: comme			dt.: allô					
dt.: ça				frz.: kurz						dt.: nom (der ~)	
			dt.: me	dt.: bras (der ~)		frz.: nein			dt.: cuit		frz.: Bett (le ~)
dt.: autobus (der ~)		dt.: homme (der ~)					frz.: gleich				
frz.: Abend (le ~)					frz.: oder			frz.: Freund (un ~)			
dt.: rendez-vous (der ~)							frz.: bereit				A2_fr2-15

Lösung

		S	M	G		
		T	E	U		
S	T	U	D	I	U	M
M	E	D	E	C	I	N
G	U	I	C	H	E	T
		U	I	E		
		M	N	T		

■	J	E	■	■	C	■	S	■	■	■	■
D	A	N	A	C	H	■	C	L	A	I	R
■	■	B	■	D	A	■	H	A	L	L	O
■	D	A	S	■	C	O	U	R	T	■	T
B	U	S	■	■	U	■	H	G	■	N	■
■	R	■	M	A	N	N	■	E	G	A	L
■	S	O	I	R	■	O	U	■	A	M	I
■	T	E	R	M	I	N	■	P	R	E	T

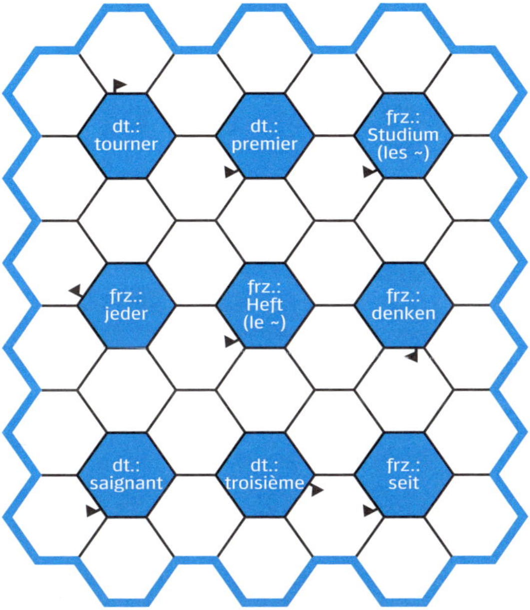

1 dt.: œuf (das ~)
2 frz.: er
3 frz.: See (le ~)
4 frz.: Schlüssel (la ~)
5 frz.: gleich
6 frz.: lang
7 dt.: fourchette (die ~)
8 frz.: mieten
9 frz.: bleiben
10 frz.: Verstand (la ~)
11 dt.: prendre

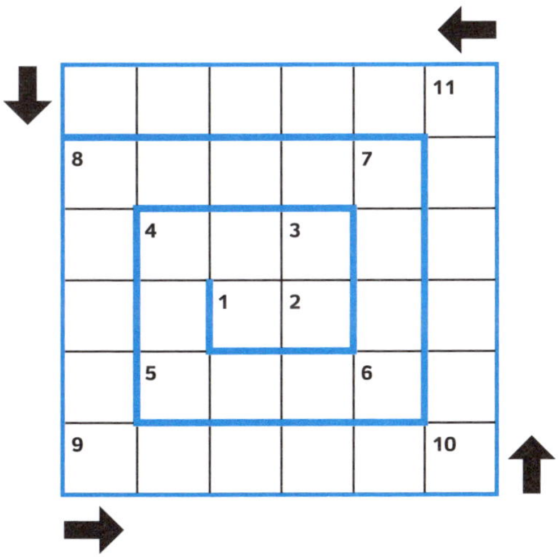

Lösung

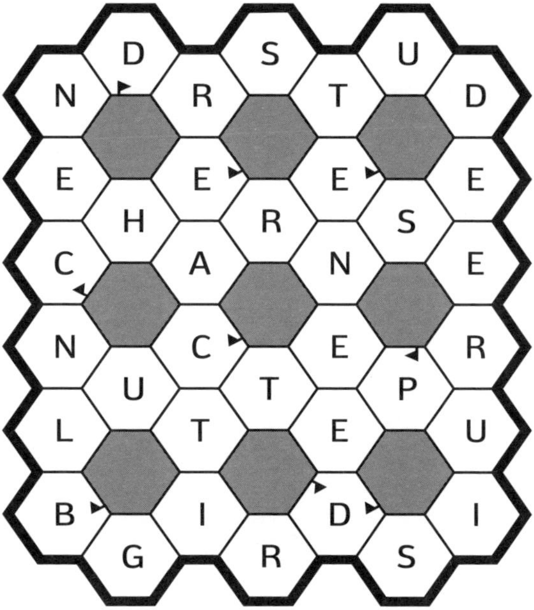

N	E	M	H	E	N
L	E	B	A	G	O
O	C	A	L	N	S
U	L	E	I	O	I
E	E	G	A	L	A
R	E	S	T	E	R

1 dt.: dix-neuf

2 frz.: Gewerkschaft (le ~)

3 dt.: mettre

4 dt.: prochaine

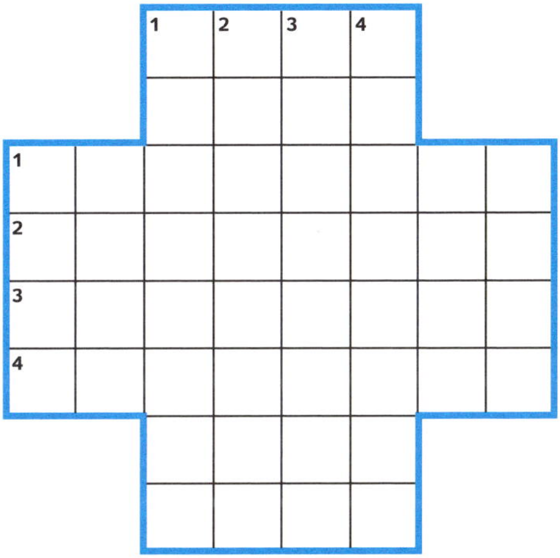

frz.: Aussicht (la ~)			dt.: souvent	dt.: il	frz.: Antwort (la ~)	frz.: Tag (la ~)			dt.: chez		dt.: tout
frz.: anziehen			frz.: du			frz.: Auge (un ~)					dt.: sauf
						frz.: helfen			frz.: da		
dt.: qu'est-ce que	frz.: August	frz.: auf		frz.: durch				frz.: Feuer (le ~)			
			frz.: weniger						frz.: Süden (le ~)		
frz.: oder			dt.: autrement							frz.: geboren	
				dt.: lac (der ~)				frz.: eine			
dt.: court		dt.: votre					dt.: ou				A2_fr2-34

Lösung

		N	S	A	N		
		E	Y	N	A		
N	E	U	N	Z	E	H	N
S	Y	N	D	I	C	A	T
A	N	Z	I	E	H	E	N
N	A	E	C	H	S	T	E
		H	A	E	T		
		N	T	N	E		

	V	O					J	B		A	
	U	F		E	R		O	E	I	L	
M	E	T	T	R	E		U	I		L	A
			U		P	A	R		F	E	U
W	A	S		M	O	I	N	S		S	S
	O	U		A	N	D	E	R	S		S
K	U	R	Z		S	E	E		U	N	E
	T		E	U	E	R		O	D	E	R

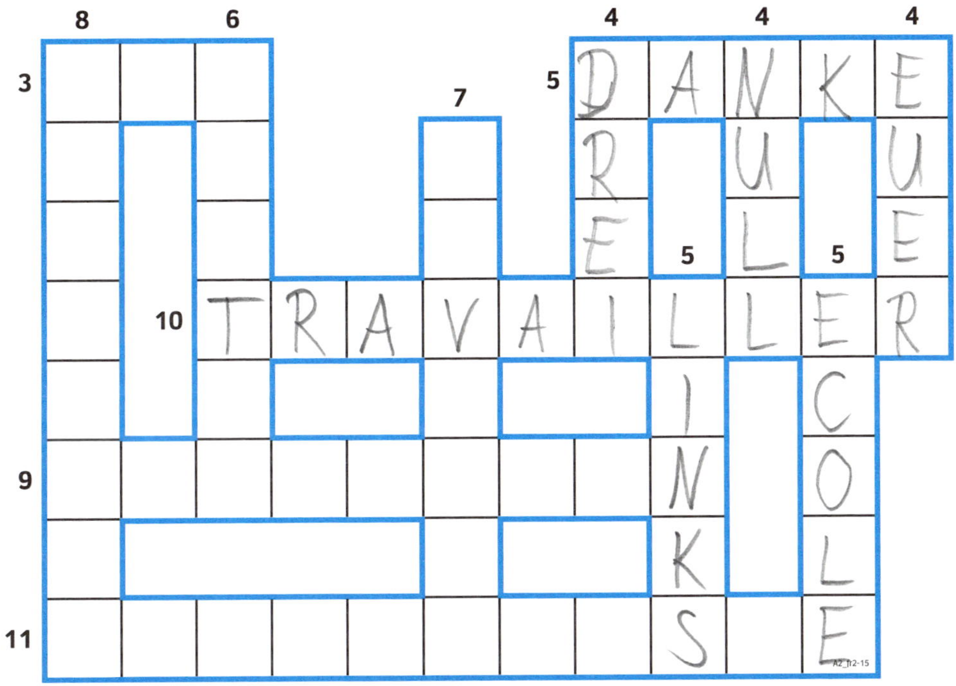

3 Buchstaben:
dt.: glace (das ~)

4 Buchstaben:
dt.: trois, dt.: votre, dt.: zéro

5 Buchstaben:
dt.: merci,
frz.: Schule (une ~),
dt.: gauche

6 Buchstaben:
frz.: ausgehen

7 Buchstaben:
frz.: einladen

8 Buchstaben:
frz.: ausmachen

9 Buchstaben:
frz.: Richtung (la ~)

10 Buchstaben:
frz.: arbeiten

11 Buchstaben:
dt.: économies (die ~)

Lösung

E	I	S					D	A	N	K	E
T		O			I		R		U		U
E		R			N		E		L		E
I		T	R	A	V	A	I	L	L	E	R
N		I			I			I		C	
D	I	R	E	C	T	I	O	N		O	
R					E			K		L	
E	R	S	P	A	R	N	I	S	S	E	

frz.: Apparat (un ~)	dt.: tard			dt.: qu'est-ce que	frz.: und	frz.: hier		frz.: er	frz.: Stift (le ~)	dt.: bras (der ~)	frz.: dieser
			6					frz.: Tasche (le ~)			1
				frz.: Öl (l' ~)			frz.: sein		4		
dt.: verre (das ~)	frz.: Sommer (l' ~)		dt.: ou		dt.: à			dt.: docteur (der ~)			frz.: Zahn (la ~)
				3		dt.: fois (das ~)				frz.: Süden (le ~)	
frz.: Rückfahrt (le ~)		dt.: toi					frz.: Rosé (le ~)		2		
			5		frz.: Gas (le ~)				frz.: ein	7	
dt.: brouillard (der ~)	frz.: sehr					dt.: ville (die ~)					A2_fr2-56

comme une poule qui a trouvé un

1	2	3	4	5	6	7

Lösung

■	■	S	W	■	■	■	I	■	■	■	■
A	P	P	A	R	E	I	L	■	S	A	C
G	L	A	S	■	T	C	■	E	T	R	E
■	■	E	■	H	■	I	N	■	Y	M	■
R	E	T	O	U	R	■	M	A	L	■	D
■	T	■	D	I	C	H	■	R	O	S	E
N	E	B	E	L	■	G	A	Z	■	U	N
■	■	T	R	E	S	■	S	T	A	D	T

comme une poule qui a trouvé un couteau
(wie ein Ochs vorm Scheunentor)

1 frz.: Jahr (un ~)
2 frz.: geboren
3 frz.: Wasser (l' ~)
4 frz.: eine
5 dt.: votre
6 frz.: Rosé (le ~)
7 frz.: genau
8 frz.: drei
9 dt.: au lieu de

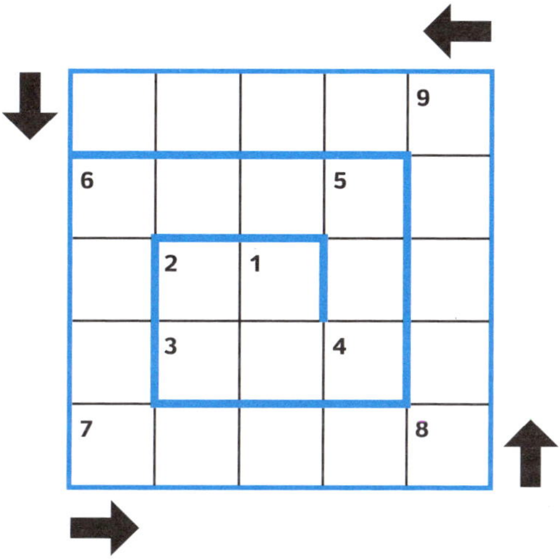

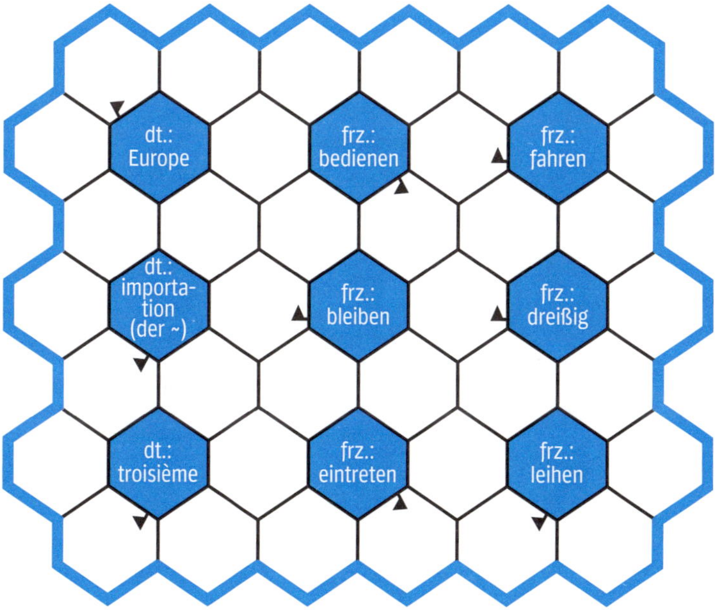

Lösung

T	T	A	T	S
R	E	U	E	I
O	N	A	N	O
S	E	A	U	R
E	X	A	C	T

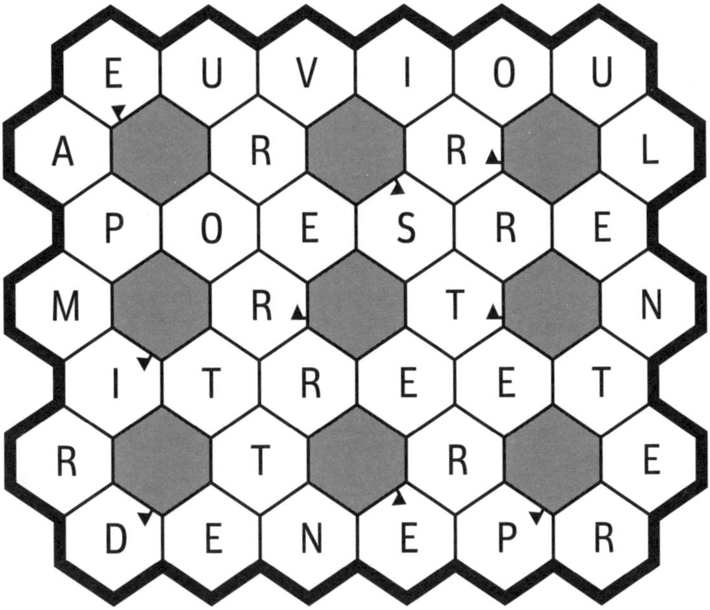

Rätselspaß

1 frz.: erster

2 frz.: sich amüsieren

3 frz.: lassen

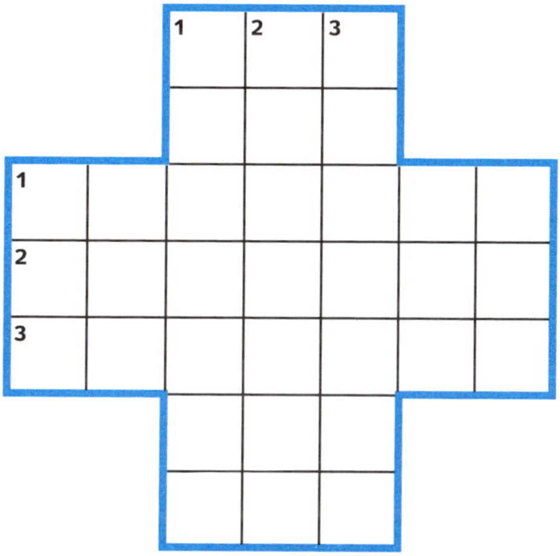

dt.: il		dt.: huile (das ~)	frz.: Tasche (le ~)		frz.: dir	frz.: Alkohol (l' ~)			dt.: mer (das ~)	dt.: train (der ~)	dt.: personne
frz.: Rosé (le ~)					frz.: Schlüssel (la ~)				frz.: See (le ~)		
frz.: Balkon (le ~)	frz.: vor			dt.: souvent	frz.: Note (la ~)	frz.: derjenige					
						frz.: Gewitter (un ~)					
dt.: gaz (das ~)		dt.: elle	dt.: photo (das ~)					frz.: Osten (l' ~)		dt.: te	
			frz.: und			frz.: der			dt.: comme		
dt.: jamais				dt.: œuf (das ~)			dt.: être				
frz.: Kopf (la ~)					frz.: Verspätung (le ~)						A2_fr2-16

Lösung

		P	S	L		
		R	A	A		
P	R	E	M	I	E	R
S	A	M	U	S	E	R
L	A	I	S	S	E	R
		E	E	E		
		R	R	R		

	E			T			A	M			
	R	O	S	E		C	L	E		Z	N
		E	A				C	E	L	U	I
B	A	L	C	O	N		O	R	A	G	E
	V			F	O	T	O		C		M
G	A	S		T	T		L	E		D	A
	N	I	E		E	I		S	E	I	N
	T	E	T	E		R	E	T	A	R	D

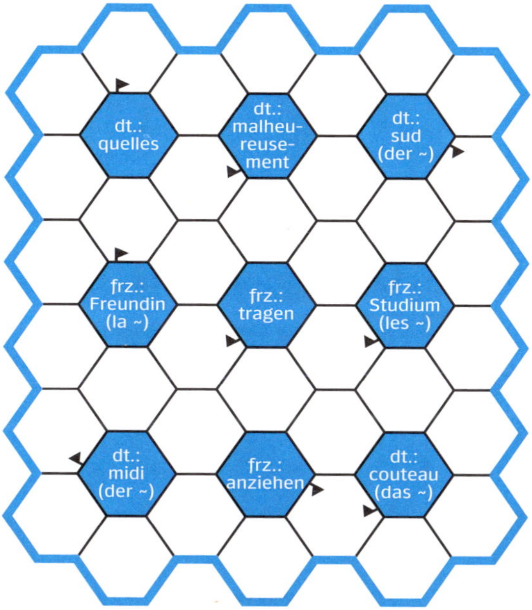

1 frz.: geboren
2 dt.: œuf (das ~)
3 frz.: hier
4 dt.: leur
5 dt.: jupe (der ~)
6 dt.: cinéma (das ~)
7 frz.: Gewitter (un ~)
8 frz.: zwischen
9 frz.: Eintritt (une ~)
10 dt.: parents (die ~)
11 dt.: nord (der ~)

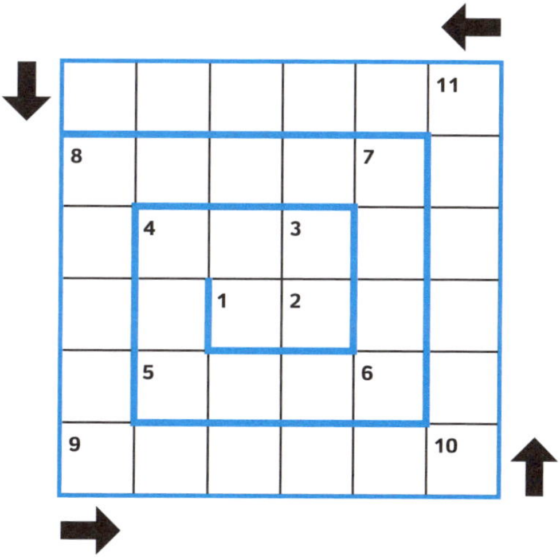

Lösung

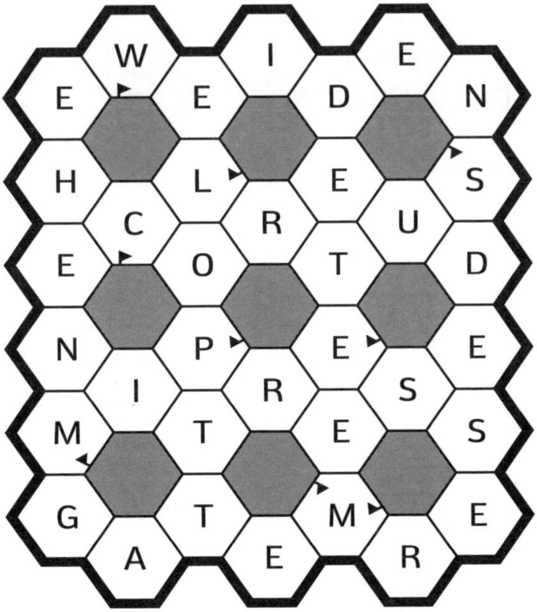

N	E	D	R	O	N
E	G	A	R	O	R
N	I	C	I	N	E
T	H	N	E	I	T
R	R	O	C	K	L
E	N	T	R	E	E

1 frz.: Überraschung (la ~)

2 frz.: passieren (2 W.)

3 dt.: attention

4 dt.: entre

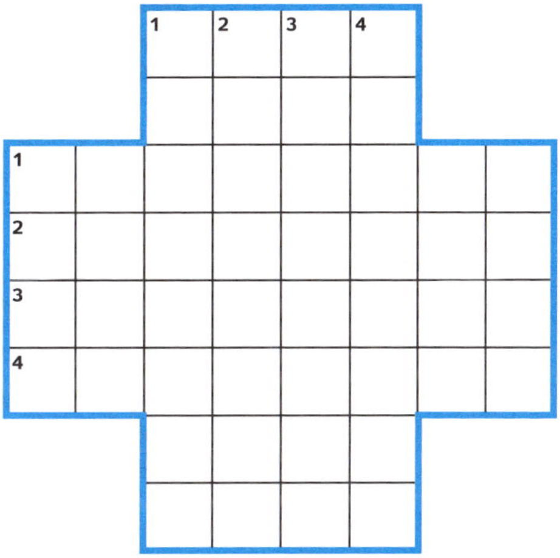

dt.: jaune		frz.: Mahlzeit (le ~)	frz.: niedrig	dt.: jamais			dt.: route (die ~)	frz.: hübsch			dt.: fort
				dt.: lit (das ~)			dt.: photo (das ~)				
dt.: caisse (die ~)		dt.: mais					frz.: Leben (la ~)	frz.: See (le ~)			
					frz.: haben						dt.: bière (das ~)
			dt.: glace (das ~)		frz.: wenn			dt.: leur	frz.: dich		
frz.: Osten (l' ~)	frz.: oder	frz.: ein			dt.: depuis					frz.: sich	
frz.: ja				frz.: der			dt.: pantalon (die ~)				
dt.: notre						frz.: bitten					A2_fr2-36

Lösung

		S	S	V	Z		
		U	E	O	W		
S	U	R	P	R	I	S	E
S	E	P	A	S	S	E	R
V	O	R	S	I	C	H	T
Z	W	I	S	C	H	E	N
		S	E	H	E		
		E	R	T	N		

	R				N	S			J	S	
G	E	L	B		I	T		F	O	T	O
	P		A	B	E	R			L	A	C
K	A	S	S	E		A	V	O	I	R	
E	S	T		T		S	I			K	B
			E	T		S	E	I	T		I
	O	U	I		L	E		H	O	S	E
	U	N	S	E	R		P	R	I	E	R

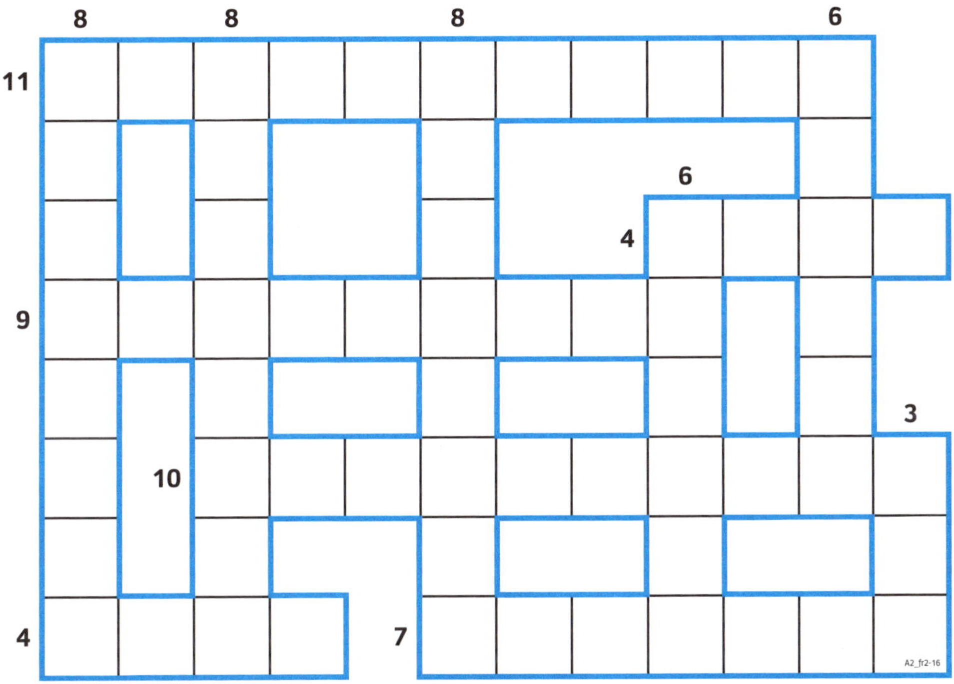

3 Buchstaben:
dt.: te

4 Buchstaben:
dt.: une,
frz.: lesen

6 Buchstaben:
dt.: jardin (der ~),
frz.: Brief (la ~)

7 Buchstaben:
frz.: hoffen

8 Buchstaben:
dt.: commencer,
frz.: gegenüber (3 W.), frz.: Überraschung (la ~)

9 Buchstaben:
frz.: Apotheke (la ~)

10 Buchstaben:
dt.: objet (der ~)

11 Buchstaben:
dt.: promenade (der ~)

Lösung

S	P	A	Z	I	E	R	G	A	N	G	
U		N			N					A	
R		F			F			L	I	R	E
P	H	A	R	M	A	C	I	E		T	
R		N			C			T		E	
I		G	E	G	E	N	S	T	A	N	D
S		E			D			R			I
E	I	N	E		E	S	P	E	R	E	R

frz.: Entschuldigung		frz.: schwarz	frz.: sich	6	frz.: kommen		dt.: tomate (die ~)		dt.: chez	dt.: il	frz.: nein
dt.: autre	2						dt.: en haut		3		
				frz.: U-Bahn (le ~)	frz.: Nummer (le ~)						
frz.: zu			frz.: Mai				dt.: souvent			frz.: Freundin (une ~)	
					dt.: rouge				frz.: Meer (la ~)		frz.: Osten (l' ~)
frz.: Hals (la ~)		dt.: tu	frz.: er		dt.: œuf (das ~)	frz.: Frau (la ~)					
frz.: wollen	dt.: direct						5	dt.: glace (das ~)			1
				4			frz.: bereit				A2_fr2-57

Je le vois venir avec ses gros | 1 | 2 | 3 | 4 | 5 | 6 | !

Lösung

■	P	■	■	S	■	V	■	T	■	■	■
■	A	N	D	E	R	E	■	O	B	E	N
T	R	O	P	■	■	N	U	M	E	R	O
■	D	I	■	M	A	I	■	A	I	■	N
G	O	R	G	E	■	R	O	T	■	A	■
■	N	■	■	T	■	■	F	E	M	M	E
■	■	D	I	R	E	K	T	■	E	I	S
V	O	U	L	O	I	R	■	P	R	E	T

Je le vois venir avec ses gros sabots!
(Nachtigall ick hör dir trapsen!)

1 frz.: sich
2 dt.: œuf (das ~)
3 dt.: leur
4 frz.: Straße (la ~)
5 frz.: sein
6 frz.: gleich
7 dt.: gens (die ~)
8 dt.: manger
9 dt.: à côté

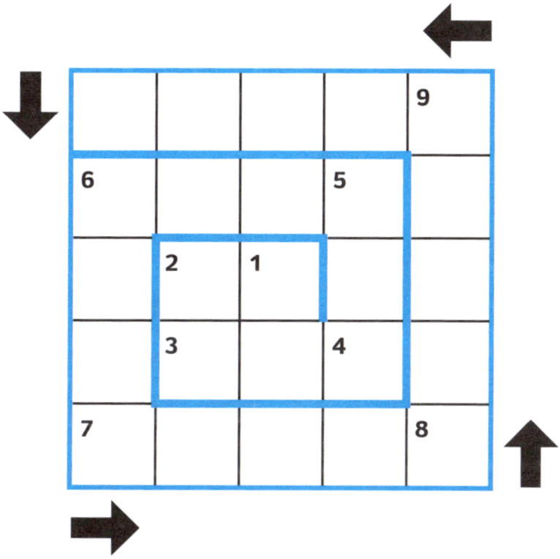

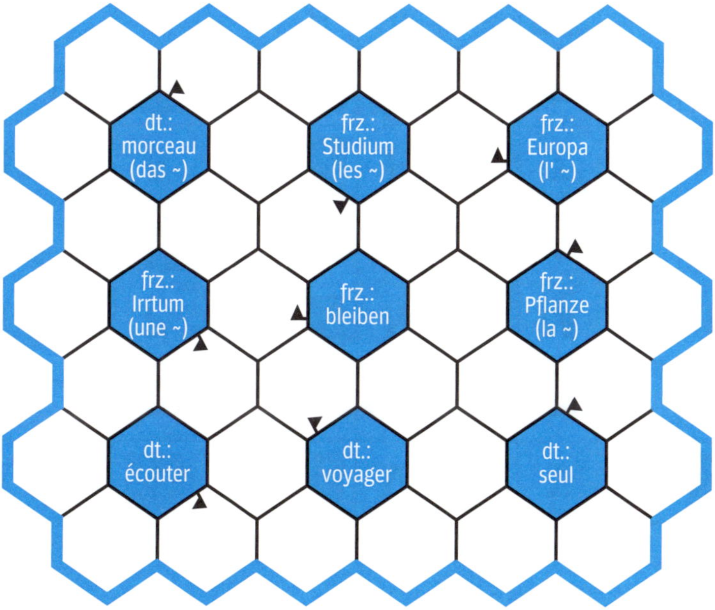

N	E	B	E	N
E	R	T	E	E
G	E	S	U	S
A	I	H	R	S
L	E	U	T	E

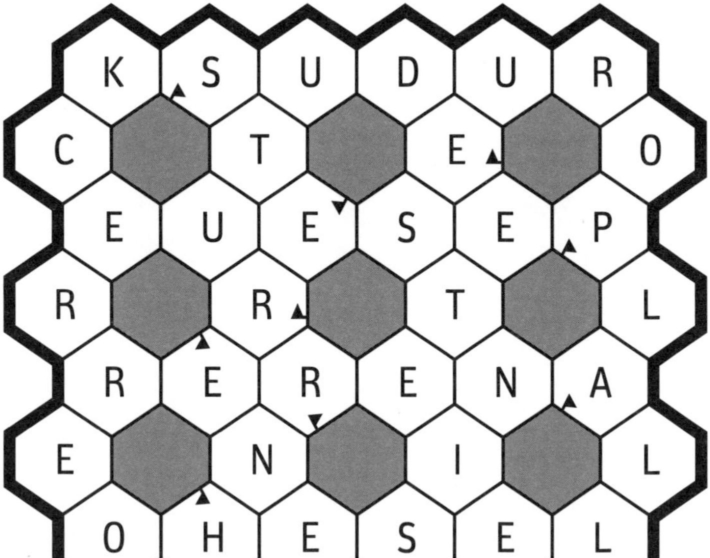

1 frz.: sich waschen (2 W.)

2 dt.: triste

3 frz.: Februar

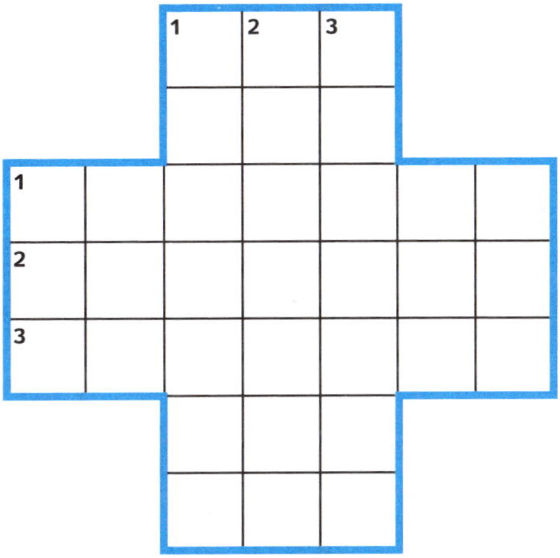

frz.: neben (2 W.)	frz.: Brücke (le ~)		dt.: depuis		frz.: Donnerstag		dt.: assiette (der ~)		frz.: Meer (la ~)		dt.: assez
					frz.: Sommer (l' ~)				frz.: und		
									dt.: comme		frz.: Illustrierte (la ~)
frz.: weitermachen	frz.: März		frz.: wenig		frz.: leer			frz.: hart			
frz.: Samstag		dt.: on		frz.: Dorf (le ~)							
						dt.: œuf (das ~)			frz.: geboren	dt.: il	
				dt.: le				dt.: neuf			
dt.: femme (die ~)			dt.: qui				frz.: Mutter (la ~)				A2_fr2-17

Lösung

		S	T	F		
		E	R	E		
S	E	L	A	V	E	R
T	R	A	U	R	I	G
F	E	V	R	I	E	R
		E	I	E		
		R	G	R		

■	■	P	■	S	■	J	■	M	■	G	■
A	C	O	T	E	■	E	T	E	■	E	T
C	O	N	T	I	N	U	E	R	■	N	■
■	■	T	■	T	■	D	L	■	D	U	R
■	M	■	P	■	V	I	L	L	A	G	E
S	A	M	E	D	I	■	E	I	■	■	V
F	R	A	U	■	D	E	R	■	N	E	U
■	S	N	■	W	E	R	■	M	E	R	E

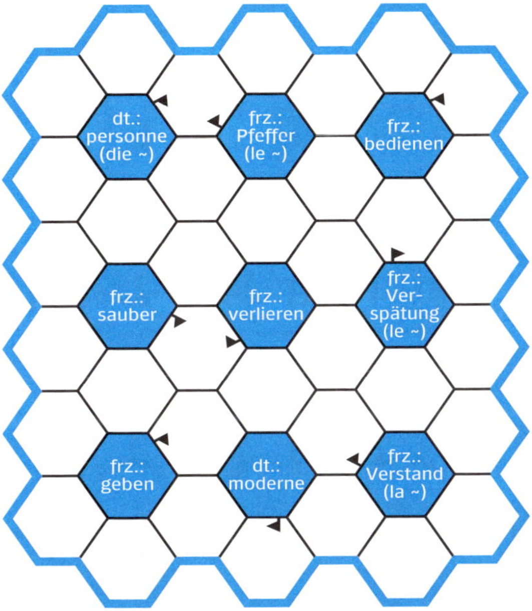

1 frz.: das
2 frz.: Jahr (un ~)
3 frz.: Nase (le ~)
4 dt.: train (der ~)
5 dt.: degré (das ~)
6 frz.: Zahn (la ~)
7 dt.: cher
8 frz.: rot
9 frz.: Eintritt (une ~)
10 frz.: absichtlich
11 dt.: grève (der ~)

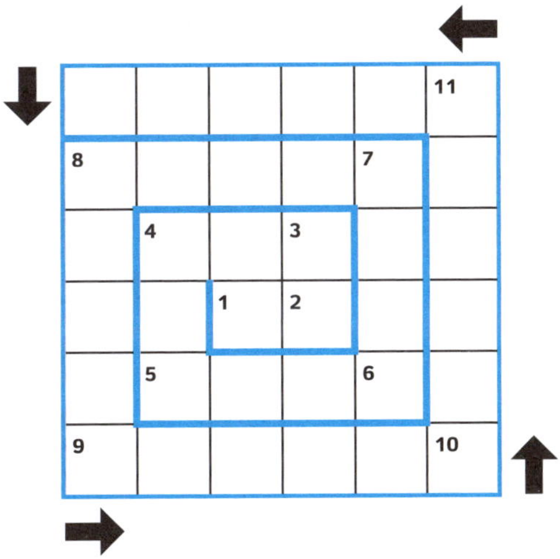

K	I	E	R	T	S
R	E	U	E	T	E
O	Z	E	N	N	R
U	U	C	A	E	P
G	G	R	A	D	X
E	N	T	R	E	E

1 frz.: sicherlich

2 frz.: vorbereiten

3 frz.: Sonntag

4 frz.: suchen

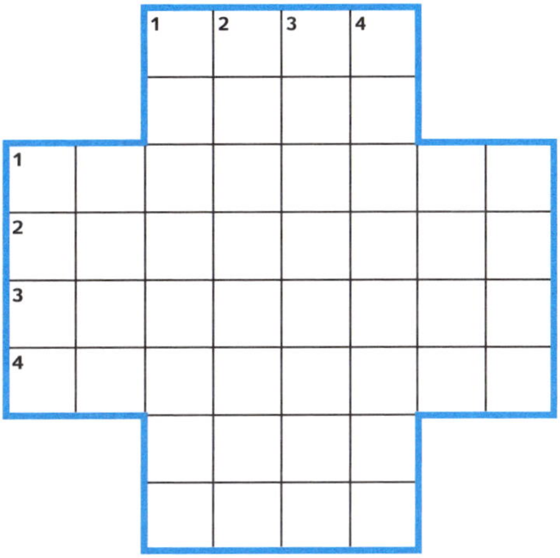

frz.: der		dt.: lumière (das ~)	frz.: weit		frz.: geboren		dt.: fils (der ~)		frz.: Gas (le ~)	frz.: Alter (un ~)	frz.: wir
frz.: sie					frz.: dieser		frz.: Sommer (l' ~)		frz.: Jahr (un ~)		
frz.: Unfall (un ~)	frz.: Karte (la ~)			frz.: bei					frz.: Wolke (le ~)		
								dt.: neuf			
				frz.: Luft (l' ~)	frz.: eine	frz.: Wasser (l' ~)				dt.: cuit	
dt.: dent (der ~)			dt.: sur				dt.: journée (der ~)				frz.: sich
frz.: verlieren		dt.: gauche						dt.: gaz (das ~)			
						frz.: Bruder (le ~)					A2_fr2-37

Lösung

		S	P	D	C		
		U	R	I	H		
S	U	R	E	M	E	N	T
P	R	E	P	A	R	E	R
D	I	M	A	N	C	H	E
C	H	E	R	C	H	E	R
		N	E	H	E		
		T	R	E	R		

■	L	■	■	N	■	S	■	G	■	■	■
■	E	L	L	E	■	O	■	A	■	A	N
■	■	I	O	■	C	H	E	Z	■	G	O
A	C	C	I	D	E	N	T	■	N	E	U
Z	A	H	N	■	■	■	E	A	U	■	S
■	R	T	■	A	U	F	■	T	A	G	■
■	T	■	L	I	N	K	S	■	G	A	S
P	E	R	D	R	E	■	F	R	E	R	E

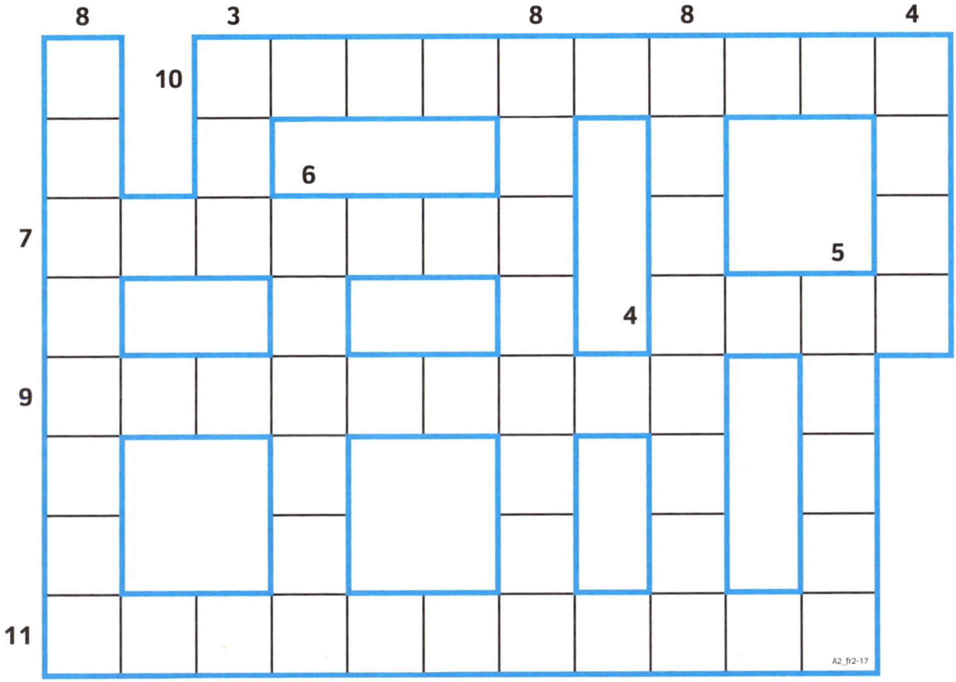

3 Buchstaben:
dt.: lac (der ~)

4 Buchstaben:
frz.: sein, dt.: rosé (der ~)

5 Buchstaben:
dt.: pluie (der ~)

6 Buchstaben:
dt.: rien

7 Buchstaben:
frz.: selbstverständlich (2 W.)

8 Buchstaben:
frz.: spät dran (2 W.),
dt.: bâtiment (das ~),
frz.: weil (2 W.)

9 Buchstaben:
dt.: il neige (2 W.)

10 Buchstaben:
frz.: sich erinnern (2 W.)

11 Buchstaben:
dt.: décider

Lösung

G		S	E	R	A	P	P	E	L	E	R
E		E				A		N			O
B	I	E	N	S	U	R		R			S
A			I			C		E	T	R	E
E	S	S	C	H	N	E	I	T		E	
U			H			Q		A		G	
D			T			U		R		E	
E	N	T	S	C	H	E	I	D	E	N	

frz.: der-jenige			frz.: sechs	frz.: Hose (le ~)	1	dt.: vide		frz.: und		dt.: te	frz.: du
				dt.: vieux				frz.: Bahnhof (la ~)		frz.: Jahr (un ~)	
dt.: depuis		9	frz.: eine	8			dt.: gris				3
dt.: toi		frz.: das	frz.: Sommer (l' ~)				dt.: pain (das ~)		dt.: un		dt.: mer (das ~)
		5		frz.: Baum (un ~)	7			4		dt.: elle	
dt.: fois (das ~)	frz.: gleich					dt.: voyage (die ~)					
			dt.: photo (das ~)		2			dt.: jamais			
dt.: qu'est-ce que				frz.: Note (la ~)				A2_fr2-58	dt.: il	6	

jeter des perles aux

1	2	3	4	5	6	7	8	9

Lösung

	C	S			P		E		D		
S	E	I	T		A	L	T		I		T
	L	X		U	N	E		G	R	A	U
	U			E	T	E		A		N	
D	I	C	H		A	R	B	R	E		M
		E	G	A	L		R	E	I	S	E
M	A	L		F	O	T	O		N	I	E
	W	A	S		N	O	T	E		E	R

jeter des perles aux pourceaux
(Perlen vor die Säue werfen)

1 frz.: und
2 frz.: du
3 frz.: eine
4 frz.: Sommer (l' ~)
5 dt.: votre
6 frz.: nichts
7 dt.: nuit (die ~)
8 frz.: Tasse (la ~)
9 frz.: endlich

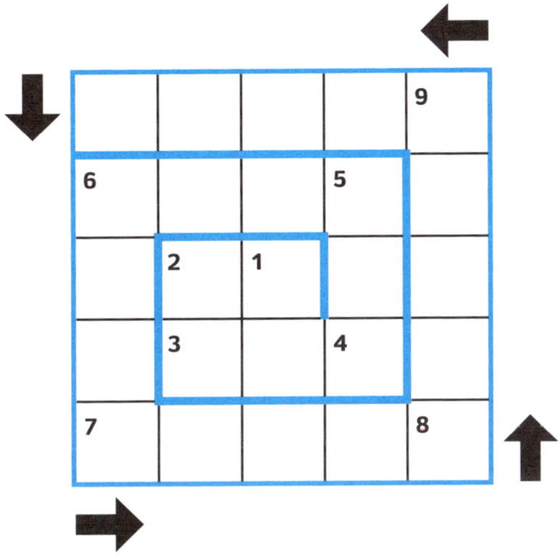

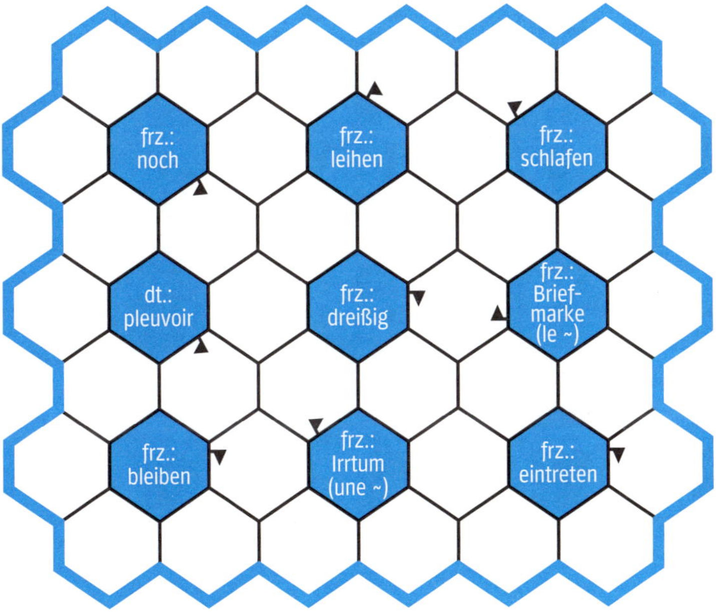

Lösung

N	I	F	N	E
R	E	U	E	S
I	T	E	T	S
E	U	N	E	A
N	A	C	H	T

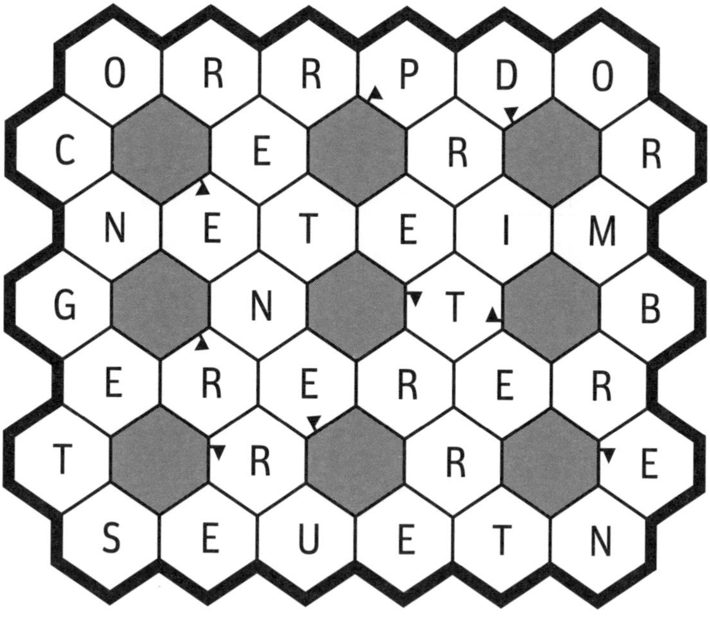

1 frz.: sieben

2 dt.: votre

3 frz.: Vater (le ~)

4 frz.: sehr

1	2	3	4
2			
3			
4			

frz.: Kino (le ~)	C		dt.: carnet (das ~)	frz.: lohnen		frz.: Hand (la ~)		dt.: jusqu'à	dt.: mer (das ~)	N	frz.: schwarz
T	I	E	R	frz.: Freund (un ~)	A	M	I	frz.: ich	M	O	I
dt.: animal (das ~)	N		dt.: verre (das ~)					dt.: un	E	I	N
	E			dt.: vrai			frz.: Tee (le ~)	dt.: il	E	R	frz.: Vater (le ~)
dt.: gentil	M	dt.: jamais	dt.: hiver (der ~)	W					R	dt.: lac (der ~)	P
	A			A		frz.: mir		frz.: wenn	frz.: sich		E
dt.: janvier	dt.: moi	I	C	H	dt.: couteau (das ~)	M					R
frz.: geboren			frz.: Straße (la ~)	R	U	E	frz.: Idee (une ~)	I	D	E	E

A2_fr2-18

S	E	P	T
E	U	E	R
P	E	R	E
T	R	E	S

■	C	H	■	■	V	■	B	■	■	N	■
T	I	E	R	■	A	M	I	■	M	O	I
■	N	F	■	G	L	A	S	■	E	I	N
N	E	T	T	■	O	I	■	■	E	R	■
■	M	■	■	W	I	N	T	E	R	■	P
J	A	N	U	A	R	■	H	■	■	S	E
■	■	I	C	H	■	M	E	S	S	E	R
■	N	E	■	R	U	E	■	I	D	E	E

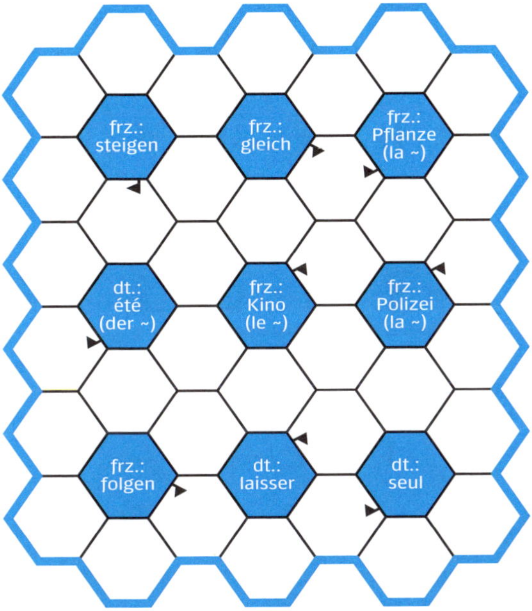

1 frz.: man
2 frz.: geboren
3 frz.: Osten (l' ~)
4 frz.: früh
5 frz.: Kopf (la ~)
6 dt.: une
7 frz.: genau
8 frz.: Zeit (le ~)
9 frz.: folgen
10 dt.: quelque
11 frz.: Irrtum (une ~)

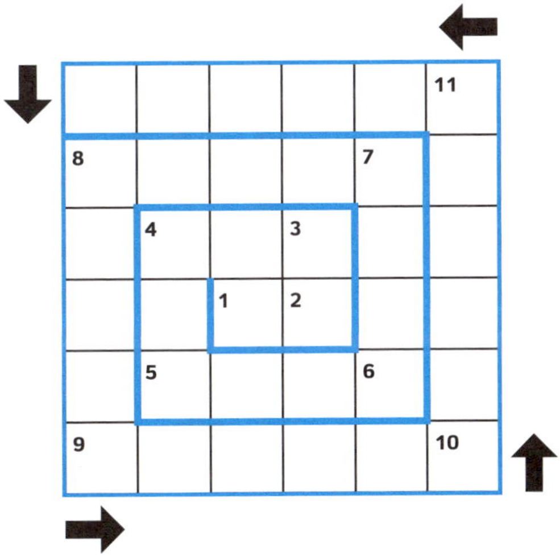

Lösung

R	U	E	R	R	E
T	C	A	X	E	G
E	T	S	E	N	I
M	O	O	N	I	N
P	T	E	T	E	I
S	U	I	V	R	E

1 dt.: quatorze

2 dt.: attention

3 dt.: mettre

4 dt.: prochaine

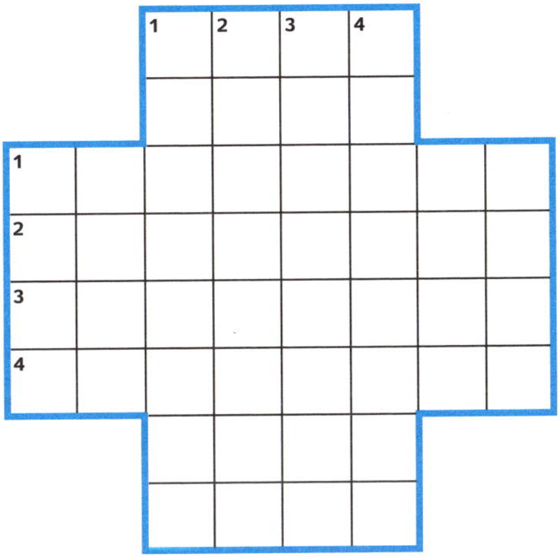

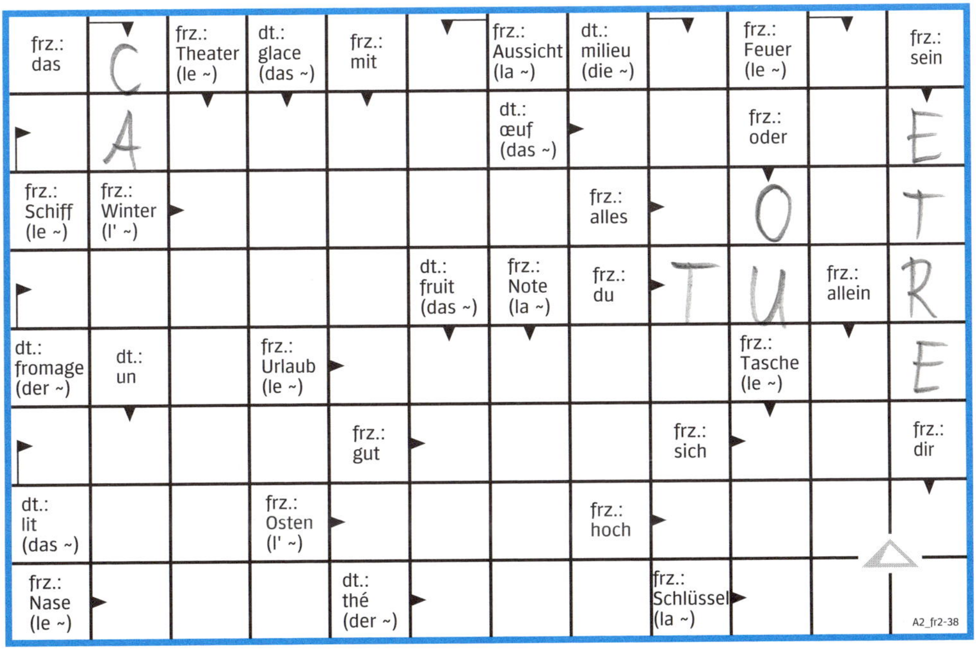

Lösung

		V	V	A	N		
		I	O	N	A		
V	I	E	R	Z	E	H	N
V	O	R	S	I	C	H	T
A	N	Z	I	E	H	E	N
N	A	E	C	H	S	T	E
		H	H	E	T		
		N	T	N	E		

■	C	■	■	■	V	■	■	M	■	F	■
B	A	T	E	A	U	■	E	I	■	E	E
■	■	H	I	V	E	R	■	T	O	U	T
K	A	E	S	E	■	■	■	T	U	■	R
■	■	A	■	C	O	N	G	E	■	S	E
B	E	T	T	■	B	O	N	■	S	E	■
■	I	R	■	E	S	T	■	H	A	U	T
■	N	E	Z	■	T	E	E	■	C	L	E

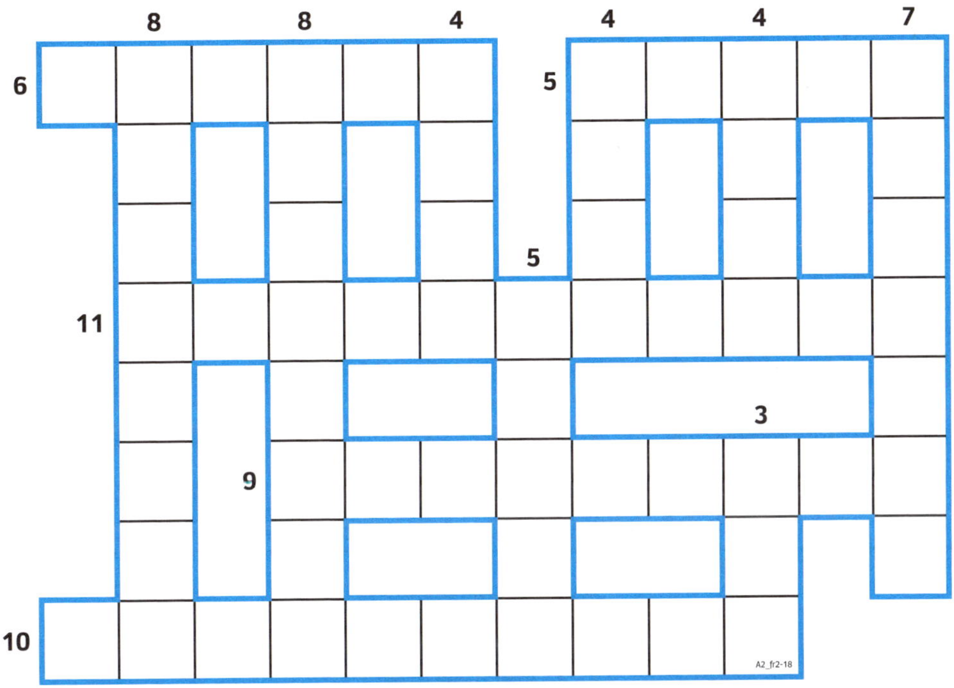

3 Buchstaben:
frz.: Straße (la ~)

4 Buchstaben:
frz.: gleich, frz.: lesen, frz.: neun

5 Buchstaben:
dt.: bruit (der ~), dt.: notre

6 Buchstaben:
dt.: personne (die ~)

7 Buchstaben:
dt.: opinion (die ~)

8 Buchstaben:
frz.: Sendung (une ~), frz.: sich kümmern

9 Buchstaben:
dt.: se passer

10 Buchstaben:
frz.: Unternehmen (une ~)

11 Buchstaben:
dt.: se sentir (2 W.)

Lösung

P	E	R	S	O	N		L	A	E	R	M
	M		O		E		I		G		E
	I		C		U		R		A		I
	S	I	C	H	F	U	E	H	L	E	N
	S		U			N					U
	I		P	A	S	S	I	E	R	E	N
	O		E			E			U		G
E	N	T	R	E	P	R	I	S	E		